生亦谋心

叶文静 著

我心不动 随机而动

企业管理出版社
ENTERPRISE MANAGEMENT PUBLISHING HOUSE

图书在版编目（CIP）数据

谋生亦谋心 / 叶文静著 . — 北京：企业管理出版社，2023.12

ISBN 978-7-5164-2985-3

Ⅰ.①谋…　Ⅱ.①叶…　Ⅲ.①叶文静 – 自传　Ⅳ.① K828.5

中国国家版本馆 CIP 数据核字（2023）第 216776 号

书　　　名：	谋生亦谋心
书　　　号：	ISBN 978-7-5164-2985-3
作　　　者：	叶文静
策　　　划：	杨慧芳
责任编辑：	杨慧芳
出版发行：	企业管理出版社
经　　　销：	新华书店
地　　　址：	北京市海淀区紫竹院南路 17 号　　邮编：100048
网　　　址：	http://www.emph.cn　　电子信箱：314819720@qq.com
电　　　话：	编辑部（010）68420309　　发行部（010）68701816
印　　　刷：	北京亿友创新科技发展有限公司
版　　　次：	2023 年 12 月第 1 版
印　　　次：	2023 年 12 月第 1 次印刷
开　　　本：	710mm×1000mm　　1/16
印　　　张：	15.5 印张
字　　　数：	167 千字
定　　　价：	68.00 元

版权所有　　翻印必究·印装有误　　负责调换

前　言

　　人生是一场独自的修行，谋生亦谋爱，谋生亦谋道，谋生亦谋心。在人生的旅途中，每个人都很忙，忙着长大和学习，忙着工作和成长，忙着寻找生命的意义，忙着丰富生命的体验。但可能会在某一个瞬间，突然感悟到：有的路，是用脚走；而有的路，只能用心去走才能走得通。最后才明白，即使走遍全世界，也不过是为了找到一条走回初心的路。

　　贝多芬双耳失聪后，重拾初心，最终扼住命运的咽喉，将他史诗般的一生展现给人们。霍金21岁时不幸被诊断出患有肌肉萎缩性侧索硬化症，全身只有三根手指可以活动。当时，医生断定身患绝症的他只能再活两年，可他却坚强地活了下来，并成为当代最伟大的物理学家之一。

　　小时候，我们都有自己的理想，或伟大，或渺小。成年后也曾信誓旦旦，要为理想和事业奉献终身。但大多数人一生默默无闻，随着时间的流逝，曾经的理想之光早已熄灭，就这么平庸地过了一辈子。

静、柔、慢，这三个字是老子的《道德经》给我们的启示。这是在告诉我们，要重视修心。谋心亦谋生，平衡兼顾好生活各方面，吾等平凡人更要如此呀！

人生在世，怎么能没有自我的守望和灵魂的涅槃飞升？我们一路披荆斩棘是为了什么？让我们甘之如饴的又是什么？谋生之道固然重要，养心之道才是人生真谛。

一切善恶，皆由心生。罪从心生，还需从心灭。要解决谋生之道，便要从自己的心出发——谋心。生活本就是一半烟火，一半诗意。太感性过不了柴米油盐，太理性则过不了风花雪月。坚守初心，方能在物欲横流中坚持自我，不为物欲所惑，收获一生的豁达；也才能在随波逐流中坚守底线，不为名利所累，守护一生的尊严；更能在千难万险中勇往直前，成就一番事业。只要初心还在，无论时光如何流转、岁月如何变迁，追梦之心永在。

曹雪芹说："世事洞明皆学问，人情练达即文章。"从小到大，我没有得过任何写作的奖项，我从没有想过自己会成为一名作家，更没有想过自己会坚持写书。我不需要成为文学家，更不需要成为哲学家，我只是想不断地梳理自己，修正自己。

著名教育家李希贵校长有句名言是这么说的："你的孩子，永远不能成为你想象中的样子,他们只能成为你的样子。"与其担心孩子的未来,不如把自己修炼好,做孩子的榜样。用自己一路走过来的真实经历,启迪他的成长。

《谋生亦谋心》是一本家书,但又不仅仅是一本家书,它是谋心之道,更是我的家风传承。这份传承就叫爱,唯有爱才能历久弥新!

目　录
CONTENTS

第一章　我是谁　　/ 001

我是谁…………………………………………………………… 002
主宰自己的人生………………………………………………… 005
人生最好的投资………………………………………………… 008
成就人生三部曲………………………………………………… 011

第二章　我从哪里来　　/ 018

每个人都是一座行走的冰山…………………………………… 019
原生家庭是禁锢，也是庇佑…………………………………… 024

第三章　我要去往哪里　　/ 035

我要去往哪里…………………………………………………… 036
如何过好这一生………………………………………………… 039

第四章　打开财富之门　　/ 041

开启财富之门的金钥匙……………………………………… 042
你的格局决定了你的财运……………………………………… 046
成功创业必备的因素…………………………………………… 050
在创业中成长…………………………………………………… 053
学会经营人脉…………………………………………………… 057
谈谈企业传承…………………………………………………… 063

第五章　走进幸福之门　　/ 068

幸福是什么……………………………………………………… 069
去爱吧，付出爱也收获爱……………………………………… 072
什么是好的伴侣………………………………………………… 075
真爱路径………………………………………………………… 078
人生的八个阶段………………………………………………… 080
幸福其实也是一种能力………………………………………… 087

第六章　打开自由之门　　/ 091

自由与生命……………………………………………………… 092
自由是一种责任………………………………………………… 096
人性的本质……………………………………………………… 099
舍得就是一场修炼……………………………………………… 102

第七章　如何激发原动力　　/ 104

爱与被爱，同等重要……………………………………… 105
好奇与心流……………………………………………… 108
嫉妒与自我……………………………………………… 111
认可与成就……………………………………………… 114
欲望与多巴胺……………………………………………117
恐惧与控制……………………………………………… 119
公平与公正……………………………………………… 122
中庸与和谐……………………………………………… 125

第八章　如何打造强能力　　/ 127

何谓强能力……………………………………………… 128
跟自己链接的能力——慎独！……………………………131
跟他人链接的能力——共舞！…………………………… 133
跟社会宇宙链接的能力——共振………………………… 136
强能力从哪里来………………………………………… 140
在学习中练就强能力…………………………………… 142
在改变中提升强能力…………………………………… 147

第九章　如何提升元知识　　/ 152

元认知…………………………………………………… 153

成长与成功 …………………………………………… 155
做一个有智慧的人 …………………………………… 158

第十章　人格修炼　　/ 162

人品与运气 …………………………………………… 163
　"仁德"是人格修炼的关键 ………………………… 165
　"诚信"是做人之根本 ……………………………… 168
成功之基础 ……………………………………………171
　"平和"是人的顶级修养 …………………………… 174
　"自信"是成功的路基 ……………………………… 177

第十一章　感恩相遇　　/ 179

感谢恩师——梁成斌 ………………………………… 180
感谢我的先生 ………………………………………… 184
感恩遇见 ……………………………………………… 187

第十二章　谋生亦谋心　　/ 190

谋生亦谋心 …………………………………………… 191
心理学滋养身心 ……………………………………… 194
心理学助推成长 ……………………………………… 197

让我们拥有更多爱的能力……………………………… 201

写在最后　/ 206

我的前半生………………………………………………… 207
为什么我会走上心理学的道路?………………………… 212
为什么要学点心理学?…………………………………… 216
那些年被骗的经历………………………………………… 220
心理学怎样帮到人?……………………………………… 225
关于自由…………………………………………………… 231
自由地看和听……………………………………………… 235

第一章

我是谁

我是谁

古希腊德尔菲神庙的石柱上镌刻着"人啊，认识你自己"。人，终其一生，都是在找寻和认识自己——找到自己是谁，明白自己从哪里来，要到哪里去。

历史上，但凡做出一些成就的人，都会认真地去找寻自己，了解自己的初心和人生方向，为自己制定出为人处世的准则和人生奋斗的目标。

在当今"互联网+"时代，世界日新月异，信息的传播速度很快，每一个人都可能成为社会的焦点，甚至再小的个体也可以一跃成为社会"公众人物"。我很幸运，赶上了自媒体公众平台的浪潮，成为自媒体自由职业者中的一员。通过文字和声音，我传递着爱的力量，自己得到成长，也帮助了很多人。

我坚信，一个人的成长比成功更重要。

我出生在乡村,在自卑中长大,但又在自信中成长,最后走出了一条属于自己的人生之路。

在上大学时,我就在思考我的人生之路要如何走。那时的我,就像一匹脱缰的野马自由驰骋,很快赚到了自己的第一桶金。

2013年,我注册了公众号"静云婵",因为一句"人生是一场修行,谋生亦谋爱",吸引了几十万粉丝。那年,我29岁,我有幸参加了樊登老师的《奋斗》访谈节目,接受了樊登老师的采访。当时,我说出了自己的奋斗感言:"我会通过一生的勤奋去证明自己。"樊登老师笑着说:"这个目标你已经实现了,你应该带领更多的人去实现梦想。"

随后,我再一次静下心来,思考未来的路该如何走。创业七年,个人优势已经发挥得淋漓尽致,短板也暴露无遗,职业倦怠感让我开始迷茫,有一种无力感。痛定思痛,觉得唯有觉醒和成长,才能成为更好的自己,于是我开始自我探索和自我成长。

30岁那年,《谋生亦谋爱》这本记录我个人成长的书问世,得到了大家的认可和好评。

学习的力量是无穷的。工作之余,我遍览群书,探索人生的意义。一口气读了《九型人格》《萨提亚·家庭疗愈》《可复制领导力》《生命密码》等书,并且打磨出自己独特的商业课程"万物皆数,一切皆是能量"。

36岁那一年，我又出版了第二本书《谋生亦谋道——九型领导力》。

2023年，我39岁，有爱侣和孩子，有团队和事业。

这十年来，自媒体经济井喷式发展，通过社群营销、名人直播带货等方式，很多人都成了人生赢家。我也很幸运地从自媒体时代的红利中分得了一杯羹。

认识自己，就是通过自问发现内在的自我意识，明确自身的价值观和人生目标，知道自己的优势和劣势。

时时追问自己的心，未来的路才走得更笃定。

主宰自己的人生

金惟纯老师写过一本书《人生只有一件事》,他认为,"人就一件事,那就是活出自己"。我认为,人生只有一种活法,那就是为自己的心而活。如果在这个过程中,还能获得大量财富,那就更好了。

难不难?理想很丰满,现实很骨感。

孔子穷其一生周游列国,都在推行自己的学说和主张。无论他身处何地,也无论他贫贱富贵,他始终凭借自身独特的见解和人格魅力感染、教化着身边的人,最终成为流芳百世的圣人。他的思想影响着一代又一代的中华儿女,堪称中国古代最伟大的思想家之一。

"满纸荒唐言,一把辛酸泪。都云作者痴,谁解其中味?"曹雪芹用一生的心血写下《红楼梦》(前80回),在贫病交加中离开了这个世界。他留给世人的《红楼梦》凝聚了中国文化的精髓,传承和发扬了中国文化，成为四大名著之冠，文学价值极高。

音乐神童莫扎特，3岁开始接触音乐，6岁就能给玛格丽特公主现场演奏，11岁就能作曲。他虽然英年早逝，但是给世人留下极为宝贵的音乐财富。

凡·高生前作画无数，却只卖出一幅。

他们的人生都是坎坷而又艰难的。如果人生可以重来，不知道他们会不会选择另一种人生。

西班牙天才画家毕加索，与一生穷困潦倒的凡·高有着完全不同的命运。他25岁就能卖画赚钱，38岁就已经财务自由了，他还是第一个在生前看着自己的作品被收藏到卢浮宫的画家。

与孟子同时代的邹衍，似乎存在感很低，但在当时却是呼风唤雨的大人物。他先成名再谈理想，利用自己的影响力改变了那些君王，以术入道，走到哪都被奉为上宾。

他们的区别是，一个为自己而活，一个活出自己。为自己而活的人是"大家"，他们有着令人敬佩的匠心精神。活出自己的人是"大师"，他们通常是命运的解惑高手。后者更懂人性，更通人心。高手都是深谙人性和人心，能在世俗的世界里游刃有余。他们不会跟自己死磕，更不会跟命运较劲。他们善于经营人心，了解人性的幽暗，弯个腰，打个盹，给自己和别人一点弹性的空间和时间。

人有贪嗔痴慢疑，也有仁义礼智信。真正的高手都能克服自身的贪婪，训练出一双发现美的眼睛，点亮自己与他人的路，同时实现自己的人生价值。

当今互联网科技日新月异，打破了时间、空间的限制，让世界的一切变得更加信息化、透明化和公平化，人们可以自由竞争，自由发展。前提是你足够努力，足够优秀。

活出自己，为自己的心而活。勇敢迈出第一步，找回自己的初心。谋爱与谋道的源泉是"心"，所以要在"谋心"下更多的功夫。如此，在"谋道"上才会事半功倍，"谋爱"的路也会越走越宽。建设自己，从"谋心"开始，做自己生命的主人，主宰自己的人生吧！

人生最好的投资

人生最好的投资是什么？巴菲特曾在演讲中说过："最好的投资，就是投资你自己。"没有人能够夺走你自己内在的东西，每个人都有自己尚未开发的潜力。

一是投资健康。柏拉图曾说，人生有三大财富，第三财富是财产，第二财富是美丽，第一财富是健康。比财产和美丽更重要的，是一个人的健康状况。

人生就像是一场马拉松，看似在拼能力、拼财力、拼资源，但实际上都是在拼健康。

钟南山院士说过，人生最大的成功，就是健康地活着。新冠疫情期间，84岁高龄的他，毅然奔赴前线，用饱满的精力和病毒做斗争。而支撑着他走上战场的，除了为国为民的医者之心，更重要的是健康的身体。他每周坚持锻炼，高度自律，让我们这些年轻人都自愧不如。

二是投资能力。富兰克林曾说："倾囊求知，无人能夺。投资知识，得益最多。"时代在不断更迭，没有稳定的工作，只有稳定的能力。曾经我们以为可以端一辈子的铁饭碗，现如今已经彻底改变了。社会竞争，其实是人才的竞争，稍不留神你就可能被炒鱿鱼，你若敢懈怠就会被社会淘汰。时代风云际会，我们要磨砺成长，因为机遇与挑战并存，有人跌倒，也有人奋起直追。不管什么行业，什么领域，总有人做到顶尖。因此，当今社会，对沉浸在舒适区的人来说是囚笼，可对不断精进的强者来说，却是机遇。社会在进步，你若停滞不前就是退步。唯有不断学习，不断投资自己，才能在这大江奔流的时代中，逐浪前行。

学习成长是最具有复利效应的投资。学习成长在所有的投资当中是最廉价，但又最昂贵的一项投资。最廉价是说，投资的金钱很少，一本书几十元，一门线上课几百元，线下课最多几万。最昂贵是说，要花很多的时间和注意力在上面，需要消耗人的精力。在没有积累到一定程度，没有达到临界点之前，你很难享受到成功带来的快乐。但是一旦你养成了学习成长的习惯，恭喜你，你走上了一条自我成长的道路，腹有诗书气自华，你终将会收获学习带来的红利。

三是投资人品。人生就是一个不断投资的过程，在哪里投资，就会在哪里产生结果。古人云："善有善报，恶有恶报。"人生的好运气，都是你人品的回报。生命是一种回声，你给出什么就会得到什么，你播种什么就会收获什么。人品是一个人的通行证，人品好，才有好前程；人心正，才有好前程。用人品投资人生，总有一天，过硬的人品会让你的人生光彩四射。因此，无论在什么地方，都要坚守自己的根本，因为人品好，你的未来才不会差。

"对未来最大的慷慨，是把一切献给现在。"作家阿尔贝·加缪说的这句话启迪我们，只有不遗余力地投资自我，才能收获更加自由、快乐、精彩的人生。

成就人生三部曲

世界上绝大部分人都是普通人,既没有优越的出身背景,也没有异于常人的天赋才华,但我们可以成就自己。

"一个人生命中最大的幸运,莫过于他还年富力强的时候就发现了自己的使命,知道自己要去往哪里。"我时常告诉自己,自己的力量太小,不敢奢求自己的成长会照亮他人的路,只是希望通过自己走过的路来告诉我的子孙——面临"人生低谷"的时候,永远选择"学习成长"。

在这个不确定的时代里,什么是确定的?我认为是学习成长。只有认知提升了,能力提高了,你才能把握机会和命运,掌舵自己的人生航向。这些年,我一路跌跌撞撞,谋生谋爱亦谋道,向内探索,不断成长。

想成为什么样的人,我时常静听内心的声音:做一个传道授业解惑的先生,和大家一起成长。为自己,也为帮助那些渴望平衡人生的人沉淀积累，努力向下扎根，做深做透，构建自己的知识体系。

我们只有不断向内探索，才能找到自己的人生发展方向和使命。

马斯洛的需求层次理论揭示了人类需求的五个层次结构，从生理需求、安全需求、社交需求、尊重需求到自我实现需求。其中，自我实现需求就是对自身潜能的发掘和实现、对自身使命和目标的追求。这种需求的满足可以给人带来成就感和幸福感，而我的自身实现需求就是和大家一起成长！

如何成就自己，需要谱好三部曲。

第一部：探索自己的底层逻辑（谋生模式）

电影《黑客帝国》被很多人称为"达摩电影"，它以科幻片为题材，探讨的是哲学本质，揭示了一个观点：每一个人的命运都掌握在自己手中，并无所谓的救世主，只要努力修因，就可以改变命运。

这个世界的真相是什么？《金刚经》云："一切有为法，如梦幻泡影。如露亦如电，应作如是观。"意思是一切依靠因缘而生的法，都如梦幻，如泡沫中的影子，如看不清的雾霭。不可捉摸，无常变幻，同时又如同闪电一样快速变化。我们要每时每刻地这样看待世间的一切，不要因为执着于它反而被它束缚了洒脱自在的本性。

这个世间的一切都是幻象，我们去找食物、去谋生、去繁衍、去买车买房、去找灵魂伴侣、去探索宇宙……这让我们感受到短暂的快乐。快乐很快消失，然后我们忍着痛苦，继续去寻找新的快乐。周而复始，生生不息。林黛玉说：我是为我的心而活。光凭这一句，足以照亮整个大观园。可惜，林黛玉缺少了罗曼·罗兰的那份勇气："人最可贵之处在于看透生活的本质后，依然热爱生活"。

很多人受原生家庭的影响、受学习教育的影响、受亲戚朋友和单位同事的影响，为了生存，为了目标，早已迷失了自己的初心和人生方向。

人生路上，我们只有通过一些行为和事件，去觉察自己的应对模式，照见自己内在的感受和情绪，然后细心梳理自己的观点，找到自己的期待，洞察自己的渴望，最后才能确立自我的价值。这一系列的探索，犹如一座冰山，只有潜入海底，反复寻找，直面人生的渴望，答案才会浮出水面。

第二部：构建自己的顶层逻辑（思维模式）

现在花一分钟，想一想你理想中的自己是什么样的。通过未来我们再来看现在，就能找到自己的使命、愿景、价值观。

很多人有个认知误区：有了足够的钱，才能去做自己。而世间的真相是：只有活出自己，财富才会随之而来，也不会被欲望控制。

作者一稼在她的《美好人生运营指南》里提出六个寻找人生使命的问题：这个世界有很多事情可以做，你最想帮助哪些人？什么事让你废寝忘食？你在做什么事情的时候最感动？你最让人感动的时刻是什么？如果没有任何经济压力，你会如何度过余生？闲暇的时候，你关注最多的是哪方面的信息？

我花了很长的时间去深度思考这些问题。最后，我告诉自己，我要不断地学习成长，我喜欢分享，我的人生使命是做一个导师，传道授业解惑。

英国的舒马赫写了一本书《解惑：心智模式决定你的一生》，书里面提到，人生遇到的困难可以分为两类：一类是汇聚型的问题，比如说今天会不会下雨，这个手机坏了怎么修。这类问题的答案是确定的；另一类是发散型的问题，比如我希望把孩子培养成什么样子，我想找什么样的男人做丈夫。你没办法回答这样的问题，因为答案在更高一个维度。你只有提高自己的认知和境界，答案才会慢慢浮现。

第三部：建设生命的三大支柱（心智模式）

一、心力

一个人力量的源泉在哪里？在自己的心里。心力是你前进的动力，也是你坚持行动的决心。心力强大的人，情绪稳定，思维通透，灵魂光明，做事时能快速进入"心流"的身心合一状态，更容易实现他内心所刻画的蓝图与目标。心力，包含了原动力和意志力两个部分。有人之所以选择"躺平"，是因为他没有找到原动力。没有原动力，一切无从谈起。

机会来临，不是怀疑就是错过。

一旦开始，就应该先求完成，不求完美。犯了错，要快速迭代，以最快的速度破局破圈。在破局期到来之前，会有一段寂寞期，你要熬过这个默默耕耘的黑暗岁月，这个就靠意志力支撑。你要有一股信念，支撑你往前走。有些人走着走着就放弃了，看不到结果，看不到希望。人生最大的悲哀就是该坚持的却放弃了。为充分调动潜意识的力量，追求目标的过程中，你需要在心中"画"出愿景图，需要你用心描绘，做到具体清晰，层次鲜明，将这幅图深深印刻在脑中，持之以恒为之奋斗。

二、元智慧

元智慧，是一个人想要实现职业理想和人生价值所必需的基本智慧。

禅宗说人有四大智慧：拿得起，放得下，抵得住诱惑，耐得住寂寞。"拿得起"是一个人成熟的标志，就是承担自己的人生，对自己的人生负责，做自己的主人。人生该走的路，该吃的苦，一步都省不了；"放得下"是说，人生有很多遗憾和苦难，曾经踮起脚尖也够不到的东西，或者因为无知而错过的人，该放下的一定要放下。人的经历可以沧桑，人的心态不能沧桑；"抵得住诱惑"是说：天上不会掉馅饼，地上只会长陷阱。不要高估自己的定力，当面临诱惑的时候，我们能做的就是远离它；"耐得住寂寞"是说：人生总是要度过一段默默无闻的日子，不要抱怨，这是你增长最快的窗口期。把握这个时期，多看书多学习多思考，你会对人生会有更深的感悟。

三、强能力

古往今来,世界上有不少学富五车,又有大智慧的人,但是他们只能当好谋士,却难以做成大事,这些人所缺的就是强能力。

慎独,跟自己链接的能力。

人最基础的能力,就是能和自己相处得好。儒家讲的慎独,是一种自律的境界,一种高尚的品质。就算一个人独处,也不改变自己的心态。首先,要跟自己的身体相处好,这也是我选择每天去练习瑜伽的原因。每天花一个小时跟自己的身体做链接。其次,要看护好自己的心殿。佛经里有个词叫结界,可以理解为保护层。行走世间,诸多伤害,你能做的就是修炼好自己的"结界"。

共舞,跟别人链接的能力。

人是群居动物,一个人走得快,一群人走得远,所以要学会跟他人协作。好的婚姻需要夫妻双方共同努力,好的工作氛围需要大家共同维持。严于律己,宽以待人,把心力修大,把心量修宽,心宽了,世界就大了。

共振,跟宇宙链接的能力。

你的心有多大,你的影响力就有多广。在人类历史上,有一个令人不解的神秘现象,至今都没有人能够给出令人信服的解释,那就是在大约2500年前，几乎在同一个时代诞生了影响人类思想的精神导师和觉者。德国著名的哲学家雅斯贝尔斯在他1949年出版的著作《历史的起源与目标》中，把公元前800年到公元前200年这段时间称为"人类文明的轴心时代"。孔子的"己所不欲，勿施于人"深深影响了西方的查理·芒格。老子的"少则得，多则惑"也影响了乔布斯和比尔·盖茨。

一个人的思想深度，可以穿越时空，跨越漫长的周期，熠熠生辉。经营自己的心，好比造一栋房子，你的心智模型就是地基，地基越牢固，房子就越稳固。平房和高楼大厦的地基深度是完全不一样的，而你的思维模型就是蓝图，你决定造几层楼，是由你的认知和经济条件决定的。有句话是这样说的，你永远赚不到超出认知以外的钱。房子地基和框架搭好，剩下的就是里面的装修和建设。你要找到支撑房子的顶梁柱，保证房子的坚固稳定。剩下的装修风格，软装搭配，就看你的品位和修养。

以上就是我给大家分享的成就人生"三部曲"，让我们行动起来，努力成就自己，谱出自己华彩的人生吧！

第二章

我从哪里来

每个人都是一座行走的冰山

每个人都是一座行走的冰山，我们都带着原生家庭的印记、过往经历一路成长起来，积累了丰富的人生经验，都有自己的信念、信仰和价值观。

人活着，要么向外认识宇宙，要么向内认识自我，沉下心来修炼自己的内功。一场"新冠"持续了三年，我一口气看了100多本书，做了20场主题演讲，同时也开始深入思考人生的下半场该怎么度过。

真正的觉醒者往往有意无意地用感知力来代替思考力，前文提到，作者一稼在她的《美好人生运营指南》里提出了6个发人深省的问题，当时我一下子有种被问住的感觉，不知道怎么回答，要知道，我一向自认为是解决问题的高手呀。竟然也无法靠理智的分析和计算，得出自己内心的真正需求。后来我明白了，我们需要用心去感受什么事情让自己最受触动，而不是用脑去思考什么事情最有利。

人有三种智慧：本能智慧、思维智慧、感受智慧。感受智慧是最高级的一种智慧。有了感受，我们有了音乐、画画、文字等这些高级艺术行为，也是生而为人跟动物的本质区别。

我们是幸运的，赶上了改革开放后高速发展的时代，物资丰富、科技发达、万物互联。同时，在一定程度上说，我们也是悲哀的，很多人被房子、车子、票子绑架，陷入了焦虑和迷茫。

我们失去了耐心和本真。生活就如同短视频，人人追求的是短平快的人生，简单、粗暴。

面对疫情，一些人选择"躺平"，任由疲惫的潮水漫过自己。其实还有一种姿势最适合我们这些普通人——"蹲下"。蹲下身子，看眼前这方寸之地，干一些和外部世界没什么关系的事。这看起来简单，实际上非常难。因为大多数人只会完成别人分配的任务，不会给自己下达任务。一旦社会环境发生了变化，人们就会惶恐，不知道该去做些什么。人和人之间的差距就是这么拉开的。

德国哲学家马克思·韦伯说过："人到了怎样的境界，可以称为真正的成年？第一，明白自己，对自己的过往有真正的了解；第二，反思自己，能看到自己存在的问题。"

苏格拉底说过："未经检视的人生不值得过。"生命于我们是最大的事件，知己是向内探索的本能，而后才是向外开阔视野，增加阅历。我今天这么努力工作，背后的动机是什么？我这么焦虑，背后的根源又是什么？

世界著名的心理治疗师萨提亚女士说："一个人真正的力量是他的生命和使命感连接在一起，当我们找到了真正的乐趣，并且能够通过行动为这个社会做贡献，我们才能与使命感连接在一起，也才能感受到真正的生命力。"

萨提亚的理论提出，一个人和他的原生家庭有着千丝万缕的联系，这种联系有可能影响他的一生。她用了一个非常形象的比喻：每个人就像一座漂浮在水面上的巨大冰山，能够被外界看到的行为表现或应对方式，只是露在水面上很小的一部分，大约只有八分之一露出水面，另外的八分之七藏在水底。而暗涌在水面之下更大的山体，则是长期压抑并被我们忽略的"内在"。只有揭开冰山的秘密，我们才会看到生命中的渴望、期待、观点和感受，看到真正的自我。（如图）

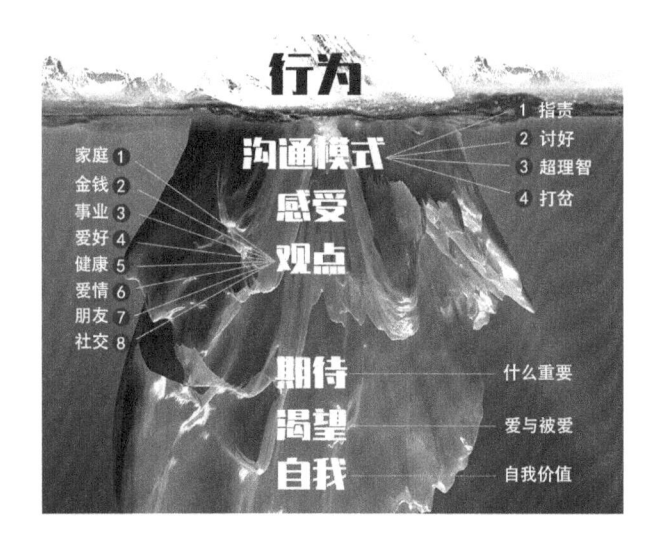

萨提亚的冰山理论，实际上是一个隐喻，主要包括七个层次，从上到下依次是行为、应对方式、感受、观点、期待、渴望和自我。该理论指出，一个人的"自我"就像一座冰山一样，我们能看到的只是表面很小的一部分——行为，而更大一部分的内在世界却藏在更深层次，不为人所见，恰如冰山。

因此，当面对冲突或者处于人生低谷的时候，我们可以给自己来一场"冰山探索"。

事件：疫情不能拓展外地业务，困守本地

应对模式：抱怨、指责

感受：郁闷、失望、无助

观点：只有出去跑市场，才能把公司做大做强

期待：期待公司越来越好，钱越赚越多

渴望：有成就（被认可）

自我：做一个有深沉价值的人

当我们找到自己的生命渴望，以及自我价值的时候，可以改变期待，也可以改变观点，甚至可以改变应对模式，以及事件对我们的影响。有时

候，我们不能改变环境，但是可以改变自己，以此减少环境对我们的影响。

跟自己做一场"冰山对话"。

自我：做一个有深沉价值的人

渴望：爱与自由，被认可

期待：我是一个心灵自由的人，不被外界影响，我是一个有爱的人，能够滋养身边的人，我能够为公司创造价值

观点：方法总比困难多，与其坐以待毙不如行动起来

感受：开心，活在希望中

行为：不能出差发展业务，那就闭门修炼内功，把课程产品都打磨出来。每天看书写课件，创造自己的精神价值，先让自己值钱

当探索到冰山的底层，看见自己的底层渴望和生命价值，你的思维与能量就转化了。

只有真正发掘出自己的隐性价值和心理，才能游走于这个不确定的世界，心态的改善，也会极大提高个人的能力。每一个人都是一座行走的冰山，我们只有带着对生命的渴望在世间修行，才能如愿以偿，展翅高飞。

原生家庭是禁锢，也是庇佑

有一部奥斯卡影片《国王的演讲》，围绕英国国王乔治六世的口吃问题展开，讲述了他生命中最为重要的部分：他在妻子的坚持与治疗师的帮助下，经过训练，克服了在公众前讲话口吃的毛病，终于在国难当头，政局危机下，发表慷慨激昂的著名演讲，鼓舞了当时二战中的英国军民。影片细腻稳重地把二战那段历史呈现给了大家，在我看来，这是一个重要的历史时代，也是乔治六世作为一个普通人的个人心灵奋斗史。

这是一部关于"自卑与社交恐惧"的电影。乔治六世口吃的原因是儿童时期的心理阴影导致他不自信，导致他从来不敢在公众面前表达。

高贵如王子，都有可能在童年经历原生家庭带来的创伤，何况是我们这些普通人呢？从某个层面上说，我们永远不可能是完美的父母，只能尽力做到最好。从我们成为父母的那一刻开始，就选择了一条陪伴孩子成长的路，首先要成长的是自己。

根据萨提亚冰山理论，一个人和他的原生家庭有着千丝万缕的联系，这种联系有可能影响他的一生。一个人和他的童年经历有着难以割断的联系，我们不快乐的根源可能是因为儿时未被满足期待。

原生家庭的定义。原生家庭通常指的是 18 岁之前抚养我们长大的家庭，原生家庭有很多种形态。有的人父母和睦，有的人父母离异，跟着一方生活，还有的人是孤儿，从来没见过他们的爸爸妈妈，但他们成长的孤儿院也是原生家庭的一种形态。

原生家庭的影响。爷爷奶奶的相处模式影响着爸爸，外公外婆的相处模式影响着妈妈，而爸爸妈妈的相处模式又影响着我们，我们把这一代一代之间的影响，称为家庭动力系统，周而复始，生生不息。在这种家庭动力的影响下，我们会产生五种沟通模式，分别是指责、讨好、超理智、打岔、一致性，其中四种是偏差的沟通模式。

我们在原生家庭学会了什么？每个人都是好学生，在原生家庭学会了两样东西。

一是是否值得被爱。

英文里有句话"You are beloved"。这是国外心理医生做心理治疗的时候最常用的一句话，"You are beloved"，你是一个被爱的人。当你成为一个被爱的人时，你才能够正常地看待别人的眼光。

二是高自我价值和低自我价值。

高自我价值：我正被自己和他人所爱。应对姿势——一致的：我会做最适合的事情；我尊重我们之间的差异性；你我都是整体当中的一部分；我接纳所处的环境；能够意识到多种选择和责任；接纳自我和他人；接纳我们的感受、完整性和人性；愿意为不熟悉的事物冒险；关注现在，愿意改变。

低自我价值：我想要被爱。应对姿态——不一致的：我将做任何事情（讨好）；我要让你感到内疚（指责）；我要从现实中分离出来（超理智）；我要否定现实（打岔）；由家庭规则和"应该"所驱使；通过外部定义；防御、压抑感受；停留在熟悉的环境；关注过去、希望维持现状。由低自我价值引发的四种偏差的沟通模式。

萨提亚女士说过，沟通是一把巨大的伞，它覆盖和影响着人类社会所发生的一切。人们并非生来就会沟通，沟通是学来的，而且多半还是模仿他人的结果。我们主要是从父母身上学到如何沟通，然后变成我们习惯的模式。

通常我们在压力状态下的沟通有以下四种模式：讨好、指责、超理智、打岔。

讨好。讨好者充分尊重交往中的他人和情境，但却毫不在意自己的真实感受。讨好型常常以一种令人愉快的面目出现，因此在大部分的文化和家庭中得到高度的接纳。然而，讨好与具有表里一致性的使他人愉快的尝试截然不同。讨好以牺牲自我价值为代价，它否定我们的自尊，并传递给人们这样的信息：我们是不重要的。当我们讨好别人时，即便自己感觉不好，也会对别人和颜悦色。讨好者常常一边掩藏起自己紧咬的牙齿，一边说出令人信服的谎言。

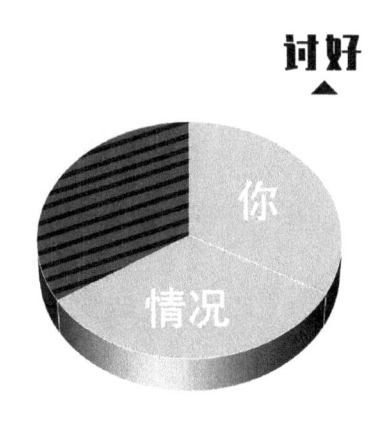

讨好

我不重要，我必须……

讨好者的内心独白：我不值得一提，我不值得被爱；我应该永远对别人和颜悦色；我绝不能让别人生气；我不可以冒犯任何人；这全是我的错。

讨好姿态：单膝跪地，向上伸出一只手给予，另一只手紧紧捂住胸口。这一姿势向人们表明：我愿意为你做任何事情。而如果你看到我正在保护的心脏，也许你就不会杀死我。

指责。指责是一种与讨好截然相反的姿态。指责的姿态用不一致的方式反映了这样一条社会准则，即我们应该维护自己的权利，不接受来自任何人的借口、麻烦或辱骂。我们绝不可以表现得软弱。

为了保护我们自己，我们不断烦扰和指责其他人或是环境。指责意味着藐视他人，而认为只有自己和情境是需要考虑的。

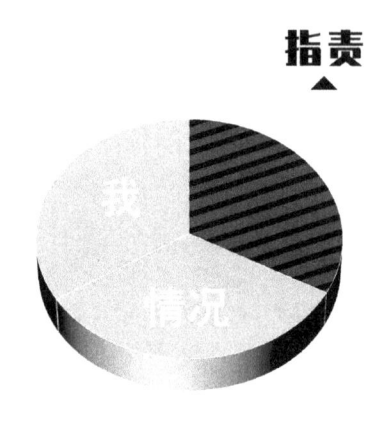

只有我……我才值得，我必须……

指责者的内心独白：都是你的错你怎么搞的；你要对我负责。
我是权威；要是我来做，不知道比你强几倍。

指责姿态：挺直脊背，迈出一只脚来达到唬人的目的，一只手叉腰，另一只手伸直手指指向他人。在指责的过程中，认定在生活中获得成功的唯一方式，就是通过战斗扫清我们前进的道路。如果将自己的低自尊暴露给别人，我们就会死去。

超理智。超理智型漠视自己和他人的情绪、感受，只关注数据和逻辑。这反映出这类人从小被教授的一个社会准则：成熟意味着不去触碰，不去审视，不去感受，也不去抒发我们的情绪感受。

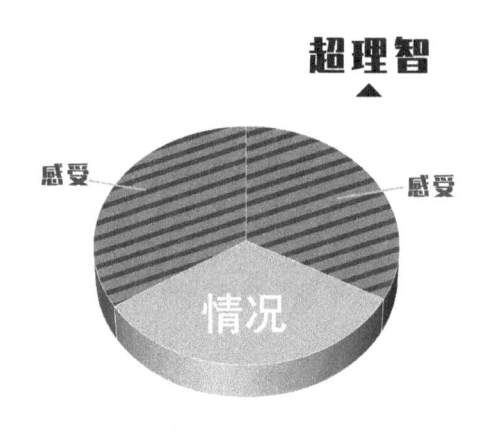

感受太可怕，我们只需要……

超理智者的内心独白：情绪和感觉不重要，情境才重要；感性是不好的；解决问题最重要；思维和头脑比较靠谱。

超理智姿态：站得笔挺僵直，毫不动弹，将胳膊对称地抱在胸前。这种姿态的显著特征是保持非人性的客观。以这种方式行动时，我们既不允许自己，也不允许其他人有自己的感受。

打岔。打岔是超理智的对立面，这种姿态常和搞笑或滑稽相混淆。对打岔者来说，自我、他人以及他们互动的环境背景都不具有任何价值。处于打岔姿态的人似乎一刻也不能保持静止。他企图将别人的注意力从正在讨论的话题上引开。打岔者不断变换想法，并且希望能够在同一时间做无数的事情。

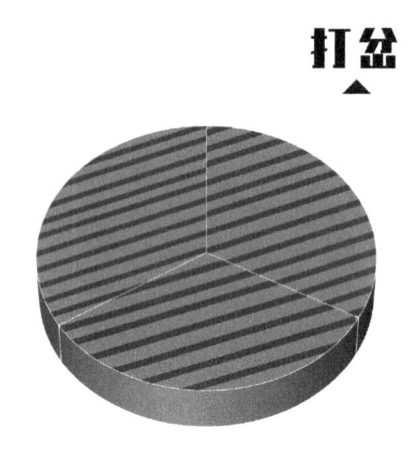

打岔

面对如此可怕，我只能逃避

打岔者不能将注意力集中在某一个客体上，他们相信，只要能够将注意力从任何有压力的话题上转移开，就可以生存下去。

打岔者的内心独白：转移话题是安全的；这个很无趣，我们聊点别的好玩的吧；我对你的感受回避，我也回避我自己的感受；这个话题我不想面对，所以我躲开。

打岔的姿态：看起来歪歪斜斜，背部扭曲但仍然站立，两膝相对，两只胳膊和手掌都伸出，不断移动。显得不合时宜、多动并且毫无目的。

当在压力下沟通时，我们往往会更多地采用一种姿态，但是大多数人并不会在所有时间内只处于某一种典型的生存姿态。在不同的情境中，我们也会采用不同的应对风格。但上述四种生存姿态是不健康、不平衡的，是低自尊应对方式的表现。每一种沟通姿态中都包含着达到完善的种子。讨好当中隐藏着关怀的种子，指责当中隐藏着决断的种子，超理智中有才智的种子，而藏在打岔中的则是创造和变通的种子。

通过上面的分析，我们要觉察什么样的情况会引发自己的低自我价值。比如我自己，在以下情况会引发低自我价值。

1. 不被认可的时候

2. 失控的时候

3. 真心被怀疑的时候

4. 被拒绝的时候

5. 伤心委屈不被看见的时候

6. 被好姐妹背叛的时候

7. 对结果不确定的时候

8. 全力以赴却失败了的时候

9. 真心付出却被辜负的时候

10. 赚不到钱的时候

维琴尼亚·萨提亚（Virginia Satir，1916—1988）是美国最具影响力的心理治疗师和家庭治疗师，被美国著名的《人类行为杂志》誉为"每个人的家庭治疗大师"。她一生致力于探索人与人之间，以及人类本质上的各种问题，她在家庭治疗方面的理念和方法，备受专业人士的尊崇与重视。

她提出，通过用良好的家庭沟通模式代替个案治疗。她的"萨提亚一致性沟通模式"被全球广泛运用。

萨提亚用下面这张图表示一致性，在图中，自我、他人和情景全部得到了应有的尊重。我们希望在一个既考虑自己，又关心他人，同时也充分意识到当前情景的角度上，对问题做出反应。

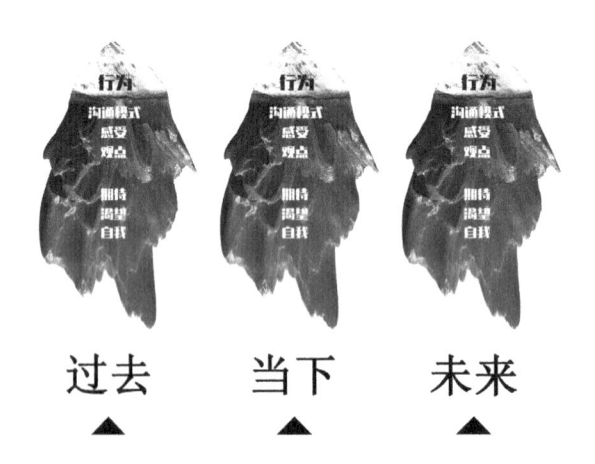

过去　　当下　　未来
▲　　　▲　　　▲

选择的一致性意味着我们选择成为真实的自己，选择与他人进行接触沟通，并与他们建立直接的联系。

一致性沟通模式包含两个部分：表里一致和平衡一致。

表里一致的特点：一种对自我独特性的欣赏；一种自由流动于自身内部和人与人之间的能量；是对个性的主张；一种乐于相信自己和他人的意愿，愿意承担风险，并处于易受攻击的位置；能够利用自身具有的内部和外部资源；能对亲密关系保持开放的态度；拥有能够成为真实的自己，并且接纳他人的自由；爱自己也爱他人；面对改变，具有开放和灵活的态度。

如果只有表里一致，没有平衡一致，沟通模式容易偏指责；如果只有平衡一致，没有表里一致，沟通模式容易偏讨好。

虽然原生家庭会带给我们偏差的沟通模式，但是要学会一件事，那就是用"意义转换法"来重新看待我们的原生家庭。

什么是"意义转换法"呢？不开心的事情已经过去很久了，童年也早已离我们远去，原生家庭不应该再是你痛苦的借口，而应该是你人生动力的来源。它究竟是痛苦的来源，还是动力的来源，其实只取决于你如何看待它。

走出原生家庭这件事，说难也难，说不难也不难。说难，是因为很多人根本意识不到这些问题，就会一直被它困扰；说不难，是说你意识到了这些问题以后，你的心态就会有所改变，往好的方面发展。现在你已经离开原生家庭了，首先要改变的是你的想法和意识。当我们的视角变得积极的时候，这些关系就开始变得积极。

疗愈会帮助我们寻找到内心深处的家人。我们身上的优点或多或少都受了家人的影响。一提到吃苦耐劳、诚实守信、关爱他人、乐于奉献，你会想这是我爸，这是我妈，这是我爷爷，这是我奶奶，正是因为家里的人拥有这些品质，才会给我们带来这些优点。我们得先理解这一点，才能够相信内心中的家人是存在的，他们真的在给我们力量。

我们自身的价值感也是一样，问问自己有什么价值，价值感存在于哪里，最后会发现这些价值感也都跟家人有关系。

最后跟大家分享几条萨提亚提出的治疗信念：

改变是有可能的，即使外在的改变有限，内在的改变还是有可能的；

"希望"是"改变"最重要的成分；

人们因相同而有所联络，因相异而有所成长；

父母在任何时候，都是尽他们所能而为之；

问题不是问题，如何应对问题才是问题；

对我们有所影响的，并不是过去发生的事件，而是我们心里一直装着那件事；

原生家庭塑造了一个人的过去和现在，但不能成为束缚我们内在生长的枷锁。我们虽然不能改变过去，但是我们可以改变原生家庭对我们的影响。

第三章

我要
去往哪里

我要去往哪里

我经常会收到这样的咨询：要不要去跟朋友投资创业？要不要离职？如果直接给答案，显然不负责任。作为咨询师，我可以提供视角来帮你做一些梳理。

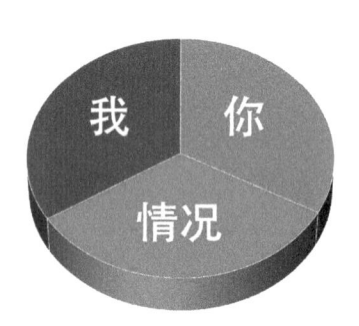

1. 缺失了哪个部分？
2. 惯性反应（内里/行为）
3. 人际问题
4. 模式代价

怎么做决定？

第一步：问自己的内心和直觉。想不想创业，想不想离职，这都是需要灵魂拷问，问清楚自己的内心的。想有想的原因，不想有不想的原因，这个没有对错。

第二步：如果投资创业，或者离职，接下去我要面临哪些挑战？我有没有能力去接受这些挑战，或者说我要提升什么样的能力？

第三步：选择创业（离职），我最担心和恐惧的是什么？

第四步：一旦投资失败（离职后找不到工作），我需要面临哪些不确定性，最坏的结果我能不能承受？

理性思考：我最大的优点是什么；我最擅长做什么；我最大的缺点、盲点是什么；我目前的这个年纪，还要不要奋斗10年，我愿不愿意去突破一下自己；我如何在新的市场和网络结构中找到自己的定位，实现自己的第二发展曲线。

真正的高手永远做对自己最有利的决定，通过未来看当下，跳出局限看自己。在面临人生选择的时候，我就是用这种灵魂拷问和自我梳理的方式，来帮自己做决定。人生的决定一定要自己做，只有这样才会形成独立思考的能力，才会拥有真正意义上的独立人格。

历史学家克罗齐说：历史在变，而人性永存。一个人不懂得人心和人性，他是很难把事情做成的，靠运气赚来的钱，也会靠实力亏出去。

如何去懂人心和人性呢？从了解自己开始。人生的发展是有节奏的。在什么时候就应该做什么事，春天播种才能迎来秋天的收获。内心的匮乏不是用钱和欲望可以解决的，最根本的还是需要用爱去填满。所以，爱上自己，接纳自己，提升自己。看清自己手上的底牌，选择做命运的斗士！

《孟子》云：困于心，衡于虑，而后作。当我们面对现实的时候，如果内心忧困，思虑堵塞，这是一件好事，不要急于借来一个观念让自己立即得到解脱，而是应该凭借自己的智慧认真进行思考和分析，从而得出自己的答案来。然后按照这个答案去行事，这样才能是有所作为。

如何过好这一生

大多数人对自己的现状都不满意，但是又无力去改变自己，最终只能在命运的漩涡里随波逐流，遗憾终生。

有一份临终测试，问的是即将死亡的人，生前最后悔的事情是什么。80%的人的回答是没有做自己想做的事。这里面有时代命运的无奈，更多的是自己的原因。

如何过好这一生？首先是要想明白这一辈子要成为什么样的人。是的，比做成什么样的事业更重要的，是成为什么样的人。

当今是一个物质发达、精神富足、价值观多元的时代。现如今，人们奉行的很多信条，其实哲学家早就研究过，哲学并非我们想象中的那么难以接近。斯多葛（Stoic）是教人怎样过好这一生的学问，源自希腊，斯多葛既不像犬儒主义一样弃世，也不像享乐主义者一样沉湎物欲。斯多葛和《庄子》里的"物物而不物于物"有些类似，既享受现实美好，又洞察其转瞬即逝。斯多葛推崇理智，因为人如果想保持理智，成为应当成为的那种人，就要让理智主导我们的生活。理想的斯多葛人是这样生活的：享受美好，但决不沉湎其中，洞察一切都像朝露一样，随时消失。如果荣华富贵转瞬间被夺走，那也是命运使然，丝毫不能动摇一个斯多葛人的沉着与泰然。

中国儒家提倡"内圣外王"。内圣，不是说你非得当个圣人，而是说你要有强大的内心修养，外王，不是说你要当皇帝，而是说你要有领导力和影响力。我不是一个聪明的女人，更谈不上智慧，但是我很勇敢，敢于迎接人生所有的挑战。有错，我认。有过，我改。

巨人过河，踏水而过。认知半径要大，行动半径太小。人的精力有限，要把有限的精力集中在有价值的事情上。君子有所为，有所不为，有所不为，才能有所大为！

我用 10 年时间，打开财富之门，又花了近 10 年时间推开幸福之门。未来的日子，我会全力以赴追求自由之门。我想把打开这三重门的核心钥匙分享给你，希望你少走弯路，少些遗憾。

第四章

打开 **财富之门**

开启财富之门的金钥匙

走出校园,踏上社会,面临的首要问题就是找工作,考虑如何谋生。

当今社会,资源有限,掌握着社会财富的,只有少部分的人。勤奋或许能够创造财富,但不一定能够让你推开财富之门。有头脑的勤劳才能够获取更多的财富,所以想要开启财富之门,首先你得拥有获取财富的思维。

我问大家一个问题:你们想不想收入提高10倍?估计没有人不想吧。年入10万的想要年入100万,年入100万的想要年入1000万。但你们有没有仔细想过怎么提高自己的收入?估计大多数人追求的还是安稳,还是朝九晚五。殊不知,其实财富等于价值,等于能力,等于调动资源。接下来,我主要利用五维思考跟大家分享,财富是怎么来的。

思维决定命运,财富的获得也在于思维方式。

积极的思维方式可以帮助我们更加自信地投资和创业，从而取得更好的成果。一个人能不能赚到财富，首先看有没有动机和积极的思维方式。有才华的人不一定能赚到钱，这跟动机有很大关系。一个人想要获得财富，前提是对财富有积极的态度，要有野心，有欲望，是发自内心地渴望财富，才能在寻求财富这条路上一路狂奔。

能赚大钱的人，还有一个特质，那就是能力很强，能不断地创造价值，解决很多难题，迎接很多挑战。持续学习的思维方式可以帮助我们更好地了解市场和行业动态，从而做出更明智的投资和创业决策。提升自己是走进财富之门的又一种方式。你想让自己拥有竞争力，就必须对自己投资，通过学习和积累知识，了解行业和市场的规律，从而对自身能力和发展方向有更准确的估计和判断。

这么多年，我把注意力都花在了学习上，不断提升自己的能力。我学习各种课程提高认知，内容包括演讲、写作、销售、心理咨询、家庭治疗、《易经》、六爻占卜等。我还学过书法、古琴，现在正在进行的课程还有瑜伽、钢琴、管理与领导力。凡是能让我变得更好的，我都学。因为学习是永远不会错的投资。增长出来的见识和能力，对我们的未来是非常有帮助的。

创新的思维方式可以帮助我们开拓新的市场和领域，从而获得更多的收益和利润。无论你做什么生意，都需要一定的成本，都要付出一定的代价，你只有付出了才会有收获。财富的本质是你的价值，你的价值在于创新，只有不断创新，你才能与时俱进，创造更多的价值。你为社会创造了什么价值，你为公司创造了什么价值，你为家庭创造了什么价值，这些价值越高，你的财富就越多。

知名的激励大师博恩·崔西不止一次在他的著作中指出，要让财富三级跳的方式之一，就是从事志趣相符的职业或做自己想做的事。因为志趣相符，才会激发工作热忱，才能发挥个人潜力，从自己身上找到财富的金钥匙。

团队合作的思维方式可以帮助我们汇聚各方优势，共同创造更大的财富。人要成功，天时、地利、人和是关键。通过团队合作，可以更好地利用资源，提高工作效率和质量，同时也能促进成员间的沟通和协作，提高成员的信任和归属感，创造更好的业绩。如果能合理利用人脉资源，也能够扩大自己的收益。比如，通过人际交往，接到新的订单，收入就会增加。开展长期合作，获益就会更多，关键是如何经营好身边的资源。这时候，"共赢"和"利他"思维就很重要。只有给对方提供他想要的，大家一起获利，合作才有可能达成。所以我们要不断提升自己，使自己变强，我们对别人来说是有价值的，对方才愿意和我们合作，我们才能获得自己想要的。

稻盛和夫曾经说过："利己则生，利他则久。"小富靠勤，大富靠命，持续的大富就要靠德，也就是要有"利他"思维。一个人的成功，在于有多少人希望他成功，只要你是利他的，别人就会希望你成功，这其实也是一种双赢的局面。所以，获得财富的方法之一就是利他。先利他，后利己，通过利他的思维，从而成就更大的利己。资源的积累和人脉的经营同样要花时间，花精力。我买衣服，买喜欢的东西，都是找朋友们买的，为什么？因为我懂双赢。他赚我的钱，我是他的VIP，他心里才会有我，遇到好的事情才会想到我。这就是舍与得的关系，将欲取之，必先予之！

普通人改变结果，优秀者改变原因，而顶级高手改变思维。五大财富思维是成功者在创造财富的过程中所践行的理念，可以帮助我们获得财富，从而在生活中有更多的幸福体验。

你的格局决定了你的财运

曾国藩说："谋大事者，首重格局。"如果把人生当作一盘棋，那么人生的结局就由这盘棋的格局决定。一个能真正做大事的人，首先一定得有格局，其次才是机遇。

一个人的格局有多大，他的人生就会有多宽广。如何形成自己的格局？做人大气是根本，长远的眼光和目标，亲近优秀卓越之人，远离三观不正之人，努力提升现在的生活层次，进入更优秀的圈子，努力活成自己想要的样子。俗话说，道不同不相为谋。每个人的兴趣和志向不一样，目标追求也不同。能够聚拢在一起的，肯定是相互欣赏、志趣相投的人。大多数能成事的人，心中自有准绳，有目的，也有方法。这种人可云游四海，漂泊他乡；亦可久居陋室，潜心研究思考未来；看得高望得远，一生无所畏惧，笑看大起大落。社会上的成功人士就是这样的人。

荷兰历史学家罗格·布雷格曼在 TED 演讲中说过，贫穷真正的根源，不是个性缺失，而是缺钱，这里的钱指的是起步的基础资金。

也有人说，贫困的根源是穷人思维。目光短浅的人只盯着眼前，看不见未来！其实，在我们每个人的成长中，也都有过类似的经历：当我们眼前有急迫的事情需要处理，比如饿极了要吃东西，有一份报告马上要交，明天就有一个很重要的公开演讲等，这个时候我们往往会把注意力集中在这个最迫切的事上。这个时候，不要跟我们谈什么长远眼光。对不起，顾不上，先管眼前的事再说。你看，任何人在这些情况面前，都会视野变窄，智商下降。而且在稀缺思维的控制下，人们做决策很容易舍本逐末，为了近期利益放弃长远利益，"人穷志短"这个词就是这么来的。

曾国藩说："天下一勤无难事，一懒世间万事休。"很多观点也认为，在一个开放社会，在市场经济里，人人都可以凭借自己的努力奋斗获得成功，获取丰厚的物质条件。

思维方式决定了你的格局，你的生活状态，更决定了你拥有多少财富。如果想改变命运，过上富足的生活，需要两个外在条件：一是信息环境的改变，也就是跳出原有的那个圈子；二是决策模型的改变，即加入新的圈子。

作家乔治·奥威尔，也就是小说《1984》的作者，他曾经给"穷困"

这个词下过一个精彩的定义——"穷困的本质是消灭未来"。也就是说，因为匮乏，因为资源的稀缺，人们的视野被遮蔽，只顾得上赚钱养家，哪管什么更长远的发展，就像井底之蛙，不知道外面的精彩世界，何谈走出去看看，去追求美好的生活呢？

生活中，常常看见这样的现象：有些人在饭桌上特别不想买单，因为买单就意味着痛感，你的成本很高，好像没什么收益。所以他们在点菜的时候不积极，到买单的时候借口开溜，装作去上厕所或者接电话。从他的角度看，他的成本是零，但是他不知道这样付出的隐性成本其实是很大的。这其实是在告诉别人：他是一个小气的人，一个不舍得付出的人，一个不值得合作的人。当你在跟别人打交道时，总想着个人利益最大化，你就会让自己的心态变得非常封闭，你的思维就会逐渐变成一种存量思维，而不是一种增量思维，有大量的机会，在你根本没有看到它的时候就已经失去了。

社会上大多数人的格局都不大，都希望付出后马上有回报，不能马上有回报的事情决不干；当机会出现的时候，首先考虑的是风险，而不是未来。一旦你选择了这样一种思维方式，大量的机会和财富已经和你绝缘。这是一个我们自己不会意识到的隐性成本。有格局的人，不仅关注存量，而且关注增量；不仅关注看得见的事情，而且要关注看不见的事情。

有什么样的思维方式，就会走什么样的道路，决定了有什么样的财运。找到适合你的正确前进方向，是取得成功最基本的条件。人的气质带着与生俱来的属性，后天的学习和沉淀，逐渐形成你的行事风格。思维的角度，眼界的广度，决定了你的格局，镇定从容、松弛有度成为大格局的基本特征。

你想要让钱生钱，你就必须先进行某些理财投资。如果你缺乏投资思维，不懂得先投资，那么你就很难获得更多的财富。在这个过程中，通过总结经验和反思复盘，可以不断优化自己的投资思维能力。

求教老师破万卷书，结交益友行万里路，只有融入优秀的圈子，与智者为伍，你才能摒弃穷人思维，眼界格局才会豁然开朗。人生只有懂得做好规划，明确方向，朝着目标坚持不懈地努力，才可能获得成功，而这些就是一个人格局的体现。

成功创业必备的因素

创业就像出海远行，有的走得远，有的走不远。有些人是想好了去哪里，怎么去，会遇到哪些艰难困境，都做了预想和对策，但也有一些人说走就走，没有目标，遇到风浪要么返航，要么直接沉入海底。

创业的过程中，难免会遇到各种各样的困难，人脉是很重要的。如果你的人脉资源足够广，那么很多困难都可以迎刃而解，有贵人相助的话甚至可以直接加快创业成功的进程。一般来讲，人脉资源越广，创业者所能从其他人那里学来的知识和经验就越多，这些都是宝贵的财富，是通往创业成功之路的捷径。因此，对于想要创业的人来说，积累人脉是在创业之前必须做的准备工作之一。

创业需要启动资金，创业失败的风险也很高，因此不能完全靠借钱来解决问题。大部分创业者的经济条件都不允许他们冒险，因此最好靠自己筹集创业资金。许多成功人士都是有了一些资金积累后再创业的。当然也可以由小到大，慢慢来，如先开一个小公司，再到大公司。不同的领域会有不同的创业路径。对于创业者而言，最害怕的就是资金链断裂，因为一旦没有足够的周转资金，创业项目就很难继续下去。所以，可以提前做好引入外部投资的准备。

创业赚钱往往并不是一朝一夕的事，大家可以从小项目做起，积累经验、资金和人脉，逐渐做大做强。另外，切记，不要急功近利，否则可能会弄巧成拙，到头来得不偿失。正所谓"一个篱笆三个桩，一个好汉三个帮"。单打独斗，一个人创业风险太大，毕竟个人的资金和资源有限，可以选择与人搭伙一起创业。你的事业合伙人，和你就是命运共同体，一起投入时间、金钱、注意力，跟你一起共创这份事业，利益深度捆绑在一起，也共同享受成功带来的红利。我很自豪的是，当我提出合伙创业的时候，很多朋友第一时间选择相信、支持我，争着成为我的事业合伙人。冲着这份信任，我告诉自己不能放弃，要敢于迎接挑战。

对于大部分人来说，创业是一件艰难的事情，它对创业者的素质有着严格的要求，创业者一个小失误就有可能导致创业失败。因此，白手起家创业之前，创业者要不断增强自己各方面的技能，包括领导力、执行力、管理能力等。

除了积累人脉、资金和技能外，创业者要找到合适的创业项目，才能提高创业的成功率。

什么是可行的创业项目？一个创业项目好不好，一看这个项目是否有前景，是否能获得大量的用户；二是看项目能不能盈利，也就是自己所要选择的创业项目，是通过什么方式实现利润。只有满足这两个条件，这个项目才是可行的。

找到可行的创业项目之后，创业者就可以放手一搏了。对于创业者特别是初次创业者而言，创业的项目最好是自己熟悉的领域，有一定的实际经验和系统研究，这样做起来会顺利一些。

创业者一定要有自己的创业思路，创业前期的准备，创业中期的事情，甚至创业后期的善后，创业者都要提前规划好发展路线，这样才能有的放矢，不至于慌忙应对。在创业的过程中，要懂得不断地复盘，不断地验证自己的各种方案是否行得通，及时发现问题并调整战略，使自己的创业之路走得更顺畅。

在创业中成长

创业成功的关键在于自己变得更好、更强大,所以说创业是一场个人身心、能力及品行的发展之旅。

要创办一家公司,创业者首先要有自己的构想及理念。之后,则要考虑组建团队,预见公司的发展前景,确定公司的发展方向。在组建团队时,要把最好的人才凝聚起来。未来创业,更要注重人才。

我心中的人才分三种:产品人,媒体人,运营人。产品人,就是判断信息,抓住要点,整合有限的资源,能把自己的价值打包成一个产品向世界交付,并且获得回报的人。比如艺术家,比如匠人。媒体人,就是媒体的从业人员,一般指从事与电视台、新媒体、报刊、电台等有关职业的人,如记者、主播、电视编导、导播等。通常来说,传媒行业里的制作、设计、业务、策划、推广等职位的人员都可以称得上媒体人。

运营人就是要掌握很多资源，知道供方和需方的需求，懂得怎么更好地把他们结合在一起创造价值。当然，也有一些人才，既是产品人，又是媒体人，还是运营人。

十几年来，我演讲、写书，不断打磨自己的课程，打造出一个又一个知识产品，把它交付到用户手中，这就是价值。这些也正是每个产品人所想要追求的，很多粉丝是因为听了我的课，看了我的书才来购买我的产品的。我手里有几十万粉丝资源，通过运作项目，塑造项目，实现了财富自由。我有30多个合伙人，靠的是相互信任。一是因为我很努力，全年无休地工作，就连出国旅游都会背着产品，拍照打卡。二是因为我有能力，我每年坚持学习、阅读，利用业余时间写了三本书。

一个人努力不努力，有没有能力，别人是看得见的。试想你现在是投资人，你会投给哪种人？当然是要投给努力还有能力的人。但是有时候，投资人会看走眼。因为有些人是伪努力、伪能力。什么意思呢？有些人看似很努力，但是没有结果。你看他每天很勤奋，到处跑，到处做项目，但是没有结果。做事的人很多，有成效的可不多。能把每件事都落地的才是真正有能力的人。

用一句话来概括有能力的人：做事靠谱，把事情交给他放心，因为他一定能做成。有能力的人，都是能处理各种关系的情商非常高的人。

如果合作意向没有达成，我们要想想是动机的问题，还是能力的问题，抑或是触发提示出了问题。如果是动机问题，那就是要解决信任问题。这个人为什么不跟我合作，不愿意给我投钱？她信不信任我，或者说我信任不信任她？信任是一切合作的基础。信任问题不解决，一切无从谈起。如果是能力问题，这个人的能力优势在哪里？我自己又有多少能力？这些都是要搞清楚的。

触发提示就是用氛围去激活对方的需求。为什么要组织发布会、启动会、酒会、沙龙这些活动？就是在这样一种氛围下，让来宾们更加相信组织者所讲述的愿景，激发对方的需求。我就是组织了很多类似的活动，遇到了我的七位股东和三十余名合伙人，共同创立了一家会所。这家会所占地450平方米，一年的租金都要40万，还有每年200万的运营成本，疫情防控期间会所还在正常运营，这是非常不容易的。要知道，很多公司都经营不下去。我们之所以还能维持，就是我背后有股东和合伙人支撑。

有的人一个项目就可以融资上亿，有的人想让别人投资100万都没有一个人投他。为什么有这么大的差别？因为后者在投资者眼中，没有100万的市场价值。没有人愿意承认自己不行。搞不定客户搞不定投资人的时候，我们不愿意承认是自己的能力问题，总觉得是别人没有眼光。心理学老师曾跟我说过，穿越痛才能回到家。成长是一件很痛苦的事情，有一种痛叫生长痛。但是我很勇敢，不逃避，敢于面对痛，穿越痛。能力是可以一点一滴增长的。痛不可怕，怕的是你不成长。如果一个人能够自我成长，总有一天会成功的。怎么去判断一个人会不会自我成长？三个标准：爱不爱学习，会不会反省，愿不愿意改变。

如果你只是一名员工，在公司可以完全不用担心没有项目，你的上级会安排好一切。如果你是老板，肩上的担子就重了，你的决策决定着公司的命运，你的手里握着员工们的生计。你会想方设法开拓业务渠道，满脑子想的都是如何扩大收益，让公司有更长远的发展，让自己的员工有更好的福利待遇。所以，如果你想创业，就要在创业中不断成长，不断上升，成就自己，也成就和你一起创业的人。

学会经营人脉

一个人只有善于使用人脉、经营人脉，才能获取事业的成功。斯坦福研究中心曾经发表一份调查报告，结论是：一个人赚的钱，12.5%来自知识，87.5%来自人脉。一个人事业的成功，80%归因于与别人相处，20%才是来自自己的心灵。人脉网络需要我们用爱心去编织，在运营中精心梳理，细心呵护，耐心期待。

世界富人调查报告显示，竟有8%的人仅靠关系致富，而其中超过75%的人，即使拥有生产经营资料和专利技术等资源，人脉也是他们经营的重点。换句话说，创业经营成功的关键看人脉经营。

有一本书叫《人际网络》，用科学的方法教我们如何经营人脉。我们先来了解人际网络的底层逻辑：有个社会学家叫罗宾·邓巴，他写了一本书叫《梳毛》，他讲一个人的有效交往圈子一般不会超过150人。

150是稳定关系的上限，因此150定律也被称为邓巴定律。

我们打开微信通讯录，随便都有几千人，但实际真正有效交往的人并不多。科学经营朋友圈非常重要，你的成就是取决于跟什么样的人协作。看一个人的收入，就是把他身边最好的5个朋友的收入取一个平均值。一般来说，我们经营人脉的上限人数是155人，即5个命友+50个密友+100个好友。

什么是命友？以命相交的友情。只要你一个电话，他随时都来帮你。这样的命友如果有5个都已经很幸运了。什么是密友？亲密的朋友，无话不谈，每周会联系一次，哪怕好久不见，但一见面还是感觉非常亲切。什么是好友？一个月会联系一次，知道对方在干什么。

不要误以为经营人脉就是搞关系，要交际应酬很累。当你想着去图人脉、图资源的时候，姿态就会扭曲。其实经营人脉的本质是：你想要哪些人幸福？你想要他幸福，你就会付出。在关系的世界里，付出是幸福的。因为付出者就是主动者，我不是为了巴结你，不用担心被你拒绝，我只是选择了你，因为你身上肯定有我欣赏的闪光点。你看看，心态是不是完全不一样了？我之前是凭着感觉和本能在经营人脉，比如这个人给过我温暖，这个人鼓励过我，这个人点亮过我……那么我就和这些人交往。

如何经营人脉？先梳理，从理性的角度筛选，用标准去衡量，一看亲密度，温度和正见；二看影响力，财富和见识。财富代表过去，见识代表未来。见识的权重一定大于财富。一个有才华、有格局、有远见的人，未来是不会缺财富的。所以我们筛选朋友的时候，看他为什么而来。如果是冲着你的财富和资源而来，会因利而来，也会因利而走。如果是冲着你的才华和品质而来，他不会轻易离开你。我很幸运，一路走来，背后站着一批朋友，都在支持我、鼓励我。

亲密度分疏密，影响力分强弱，我们可以把人脉分成九宫格。（如下图）

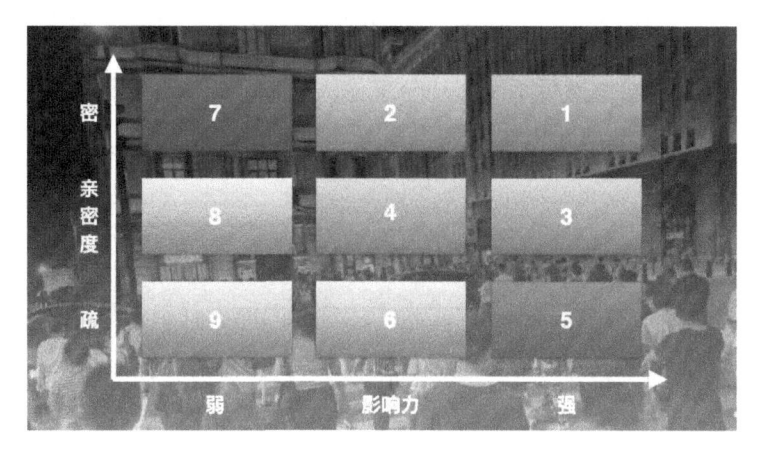

	弱　　影响力　　强
密	7　2　1
亲密度	8　4　3
疏	9　6　5

1号，是那些跟你亲密度很高，影响力又很强的人。他们又有能力，又很相信你。命友、密友都是从这里筛选出来的。还有我们的股东、合伙人、大客户，几乎都是我们的1号。因为他们愿意在我这里花钱、花时间、花注意力，所以我们要珍惜他们、维护他们。但是很多人忽视了，因为太熟悉了。身边无伟人，近处无风景，这是人性的劣根性。越是对

自己好的人，越是无所谓。

7号，是那些跟你亲密度很高，但是影响力很弱的人。他们跟你感情很好，但是认知、能力都很弱，比如家里的某些亲戚。因为关系近，所以难免受他们的影响。无知的人往往越自信，自我感觉很好，做决策的时候千万不能受他们的干扰。断不掉，舍不了。那就"离"，保持距离。

5号，影响力很大，可能财富多见识广，但是跟你没有亲密度，也就是说他很牛，但是他跟你没有感情基础，也就谈不上信任你。很多人喜欢去巴结这种人，没有用的。因为同流才能交流，交流才能交心。怎么做？提升自己，然后不断跟他分享你的成长，让他看见你的努力和才华，他才会欣赏你。

9号，是那种既没有影响力，又跟你没有亲密度的人，就是路人甲，不需要去经营，直接断掉。很多人无效社交的原因就是天天跟9号在一起。和这样的人相处，只会占朋友流量，浪费注意力。1号、5号、7号、9号这些人都很容易区分。

1号一定要花时间、花金钱、花注意力去维护。5号可以花注意力，但是不需要花很多钱。因为你给他花很多钱，比如送礼什么的，他会有压力、有防备心。7号可以花钱，但是不要花注意力，和9号保持距离。

1号如果不好好珍惜，他就会变成3号甚至5号。我分享一个亲身经历：我在一个朋友的瑜伽馆练瑜伽，两年间花费了 10 万元。我出书的时候，希望她买 10 本放瑜伽馆，帮我捧个场。她却说，10 本太多了，而且她也不看书，最后她一本都没买。从那以后，我就换了一间瑜伽馆。她成功地把我流失了，成功把我从 1 号变成了 5 号。

7 号，你可以拉着他一起学习成长，把他变成 2 号、1 号，看他有没有成长性，但是我的体会是很难。他们大多数思维固化，不舍得花钱学习提升认知。

很多人会把 6 号当成 5 号来经营，为什么会犯这种错？因为我们跟他不够熟悉，容易被他的假象迷惑。如何区分 6 号和 5 号？就看他把注意力花在哪里，把时间花在哪里了。5 号对时间很在乎，非常珍惜自己的时间，而 6 号的时间不值钱。

这样看来，人脉经营也不难，找出 1 号，谁到底是你的 1 号？什么叫 1 号？肯在你身上花钱，他还有能力影响你，带你提升认知。花 70% 时间注意力在他身上，他还会十倍地还给你。70% 时间精力花在 1 号身上，20% 时间精力花在 2 号、3 号身上。10% 时间精力花在 5 号、7 号身上。4 号、6 号、8 号、9 号不需要经营，他们如果有眼光，就会主动来和你交往。我的合伙人大多是我的 1 号，还有一些是 3 号，我很愿意支持身边的人，所以他们也愿意支持我，帮助我在经营中获取更多的人脉。

最后想和大家分享的是，制定人脉资源规划的次序：

一是要明确自己的创业规划；

二是要评估自己的人脉资源；

三是要明确这些人脉资源的需求；

四是要勾画自己的人脉资源图；

最后，制定人脉经营计划并实施。

谈谈企业传承

这一节想和大家聊一聊企业传承。我国经历四十多年的改革开放，一大批民营企业家成为各行各业的佼佼者。再过几年，中国有几百万民营企业家面临着二代传承的问题，但很多"富二代"不愿意做"创一代"的接班人。原因有两个：第一，富二代没有像创一代经过打拼和磨砺，既没有能力也不擅长经营企业。第二，创一代的企业大都是传统的行业，而富二代更喜欢去新鲜的领域去奋斗。希望子承父业，事实却是斑马不能接替狮子统治一片草原。最好的方式就是把企业的拥有权传承给孩子，把经营权交给职业经理人，这样既是对企业负责，也是对二代们未来的发展负责。

关于财富的传承，传要有本事给，给多少，怎么给？什么时间给？承，要有本事接得住，用好这笔钱。韩国女星具荷拉自杀身亡，留下50亿韩元（约3000万元人民币）遗产。她母亲在她9岁那年离开这个家，她一直是跟父亲和弟弟生活，感情也非常深厚。在她葬礼那天，她的母亲出现了，是为了分遗产而来。最后通过打官司，母亲分走了40%，父亲和弟弟分走60%。这样的分配结果是不是具荷拉的意愿呢？我们不得而知。在财富传承的过程中，容易出现一个问题，那就是传非所愿。怎么解决这个问题？很简单，提前立好遗嘱，可以避免亲人间的遗产纠纷。

2008年台塑集团王永庆去世，子女们打官司打了13年，遗产税交了120亿台币。他们的问题是继承权利平等，但是财产很难等分。现金容易分，房产、艺术品、企业资产不容易分。怎么解决？确定一套大家认可的方案，不要造成家庭矛盾。比如，800万的企业，300万的现金，怎么分配给儿子和女儿？儿子擅长经营企业，那就把企业留给儿子。这样一来，对女儿来说不公平，300万现金跟800万的企业相比，差很多。这个时候，把现金做工具，撬动杠杆，调节财产分配，用300万现金购买800万的年金保单。这样女儿儿子心理都平衡了，用理性的工具来解决感性的问题。

不过关于财富的传承，还有一个更重要的问题：财富如何给下一代更好的保障，而不是被拿去挥霍了？某些企业家花了一辈子创办企业，二代接手后，短短几年就能把这份家业败光，可惜啊。怎么解决这个问题？专款专项专用。用保险、信托、家庭基金会来实施。

家风的传承，这是家族传承的核心，指家族文化、价值观、信念和爱。什么是家风？不是家规、家教这么简单，而是一种生生不息的精神，是对学问的追求，对勤劳奋斗的推崇，对善良淳朴的美德的坚持，是家国情怀的格局。

腰缠万贯不如良父相伴！精神的传承，才能延续家族的荣耀。晚清林则徐有一副对联：子孙若如我，留钱做什么？贤而多财，则损其志。子孙不如我，留钱做什么？愚而多财，益增其过。很多人看到这副对联，估计会选择"躺平"，儿孙自有儿孙福，拿这个当理由搪塞自己。但是每一代人有每一代人的责任。我们来看看一个家族是怎么崛起的，不妨以曾国藩的家族为例来分析一下。

曾国藩家族的始祖是曾孟学，清朝初年"卜居定业"，才在湘乡市定居下来，传到曾国藩是第九代。算算时间，已经200年过去了。

如果一个家族每代都有做官、读书、经商的人，那么培养出来的孩子必然是优质的，毕竟掌握着优质资源，大概率都是有能力的。

最近几年很流行一句话，寒门再难出贵子。这句话道出了一部分社会真相。寒门自古以来都难出贵子，因为既然是寒门，必然缺少资源传承，没有传承哪来的贵子？我们在古书上读到的寒门，其实是古代权势较低的世家，并不是贫民的意思。所以，一个家族有了数代人的积累，有了各种资源传承，再加上机遇，出贵子是大概率事件，而没有积累和资源传承，出贵子只是碰运气的偶然事件。

曾国藩在湖南办团练的时候，把曾国潢、曾国华、曾国荃、曾国葆等兄弟带出来，个个精明干练，工作能力出类拔萃。正是至少三代人的努力拼搏，才能培养出这些优秀子弟，碰到机会才能抓住，成为晚清第一家族。

你说一个家族想崛起，难不难？所以曾国藩等士大夫家族，都是学而优则仕、仕而优则学，政治和学术两开花。经济基础决定上层建筑。不管是静下心来做学问，还是不受诱惑为人民服务，都要有经济基础做保障，所以在一个家族崛起的路上，要有雄厚的经济基础。可以说商业是家族崛起的前提，政治和学术才是根本。

儿孙自有儿孙福，这句话没错，谁都管不了儿孙的事情，他们的福祸都是自己承担的，但一代人有一代人的责任。你不尽到自己的责任，就是把任务推到下一代，你一辈子没有完成的事情，孩子们就要重复你走过的路。这个世界是接力赛，从来不是百米冲刺。要是每代人都想着"儿孙自有儿孙福"，那么下一个时代变化到来，你的儿孙们还是抓不住机缘，还说什么改变命运呢？！

曾国藩家族两百年来240多个子孙，没有一个败家。其中有一个外孙叫聂云台，他在1942年到1943年间在《申报》上连载《保富法》，轰动一时。《保富法》目的在于警醒世人"如何才能真正保有财富"，爱惜福报，不浪费，不奢侈，那么家道自然昌盛，财富也能传下去。发财不难，保财最难。

《素书》有云：富在迎来，贫在弃时。富贵是因为能够接纳包容一切事物，而贫穷是因为没有把握对的时机，没有顺势而为。在该学习的时候没有好好学习，在该长见识的没有长见识，在提升能力的没有长能力。我始终坚信，投资学习和成长是最廉价又最昂贵的投资，金屋银屋，不如诗书传家。

第五章

走进 幸福之门

幸福是什么

很多人努力工作是为了追求幸福，可为什么始终感受不到幸福？有句话说：鱼儿在水中游，却一辈子感受不到水。有一本书《纳瓦尔宝典》，推荐你去看看，作者是一个在贫民窟长大的孩子，凭着自身的努力与才华，最后成为华尔街的成功人士。

如果说打开财富之门是具有强大的吸金能力，那么走进幸福之门就是关系的彼此润泽。获取财富是谋生的手段，拥有幸福才是人生的目的。

什么是幸福？最近我看到一个和汉字相关的冷知识。幸福的"幸"，从最早的字形来看，居然是一副手铐。这和幸福的意思差得也太远了，它是怎么演化过来的呢？在古代，什么好消息能让人感觉到特别有幸呢？就是犯了罪遇到赦免，本来戴着手铐，现在脱掉了，这叫"幸"。

所以幸福的"幸"，本来的意思就是免去灾祸，所以才有幸免、侥幸这些词。我们现在祝人幸福，其实祝福的不是他怎么飞黄腾达，而是祝他无灾无难。看见幸福这个词，就等于是古人给我们这代人写了一封信，告诉我们，人生最难得的好事，不是什么实现非分的愿望，而是神灵保佑的福和无灾无难的幸啊。

日本企业家稻盛和夫也说过，人们总是把幸福解读为"有"，有房、有车、有钱、有权，但幸福其实是"无"，无忧、无虑、无病、无灾。

在如今科技发达的时代，人们物质水平虽然大大提高了，但是幸福指数却越来越低。别人通常只关心你飞得高不高，却很少关心你飞得开心不开心。

记得有一次，我陪孩子在浴缸泡澡，他突然转过身来抱着我说："妈妈，我好幸福，真的好幸福。"那一刻，我也被幸福到了。那时他才2岁多，话都说不清楚，居然会说出幸福二字。

幸福是什么，幸福到底是一种能力还是一种感受，幸福与金钱有关吗？有一本书叫《贪婪的多巴胺》，看完才明白原来幸福与激素有关。母爱的底层逻辑是催产素，做了母亲的女人自然就多了一份爱心、一份耐心。幸福的底层逻辑是内啡肽，让你感到幸福与满足。是什么阻止了幸福？是多巴胺的分泌。内啡肽和多巴胺，这两种神经递质是相互抑制的，当多巴胺的分泌旺盛的时候，享受当下的感觉就完全消失了。但是如果你真的开始体会人生的美好，能够活在当下，去感受到当下的美好的时候，你可能会失去追求未来的那个劲头。那你应该站哪一边呢？答案是成熟的标志就是一个人终于懂得了活在当下。一个人如果纵容自己的多巴胺不断地分泌，那他跟猴子没有区别。

幸福的人，用童年治愈一生；不幸的人，用一生去治愈童年。其实，父母相爱才是给孩子最好的礼物。

父母是孩子的榜样，在父母相爱的家庭里生长的孩子自信乐观，内心温暖，而在父母不相爱的家庭下成长的孩子性格大多自卑、多疑、缺乏安全感。幸福对于每个人来说，都是不一样的，关键在于你是否能找到幸福在哪里，是否用心去体会。林语堂先生说："人生幸福，无非四件事：一是睡在自家床上，二是吃父母做的饭菜，三是听爱人讲情话，四是跟孩子做游戏。"通过林先生说的话，不难理解幸福其实就在身边，出现在我们生活的一点一滴中，等待你用心去体会。一个内心有爱的人，他很容易感受到爱，并建立起幸福的模式，推开幸福之门。

去爱吧，付出爱也收获爱

幸福与爱有关，那么爱是什么？爱有千千万万，不同的人对爱也有不同的解释。纵观《论语》，既有以"仁"为核心的大爱，也不乏各种儿女情长、人与人之间千丝万缕的小爱。爱，不论轻重，不分大小，只要用心去爱了，就是真爱。生活中的爱有多种，爱父母爱家人爱朋友，每一种爱都有着各自的含义。其实，爱就是一种无怨无悔的行为，那是有着跟阳光一样灿烂的温暖。

爱是博大的，是一种大爱，是对全人类的爱，是对万事万物的爱。但从人与人之间的小爱来看，一种是无私的爱，这种爱是对自己的亲人心甘情愿付出的情感；一种是互利的爱，这种爱主要是指夫妻或对跟自己有业务往来或关系密切的朋友而言，互惠互利、合作共赢而付出的情感。相对来说，小爱这是一种自私的爱，这种爱给人一种强烈的自私感，同时，这种爱是有排他性的。

我认为伴侣之间，爱是一种奉献，一种义务，一种责任。爱有三种境界。

第一种境界：我爱你，是因为你对我好，你满足了我的需要。我爱你，是因为我需要你。

第二种境界：我爱你，所以我想为你做些什么。我需要你，是因为我爱你。你会发现这两种爱，它的感觉是不一样的。

第三种爱是什么？是爱的最高境界，那就是让爱成为爱！因为你的爱让对方成为更好的人，同时他又回馈给你，让你成为更好的人。这种爱是一种关系的流淌，彼此是滋养的。我觉得这种爱是最健康的爱。总之，爱就是一种无私的奉献，不掺杂任何附加的利益关系的爱，才是真正的爱。

佛学著作《妙色王求法偈》中写道："由爱故生忧，由爱故生怖；若离于爱者，无忧亦无怖。"意思是因为心有所爱，所以会产生忧愁；因为心有所爱，所以会产生恐惧的情绪，害怕会失去所爱。如果一个人心无所爱，就不会有忧愁和恐惧了。

弘一法师（李叔同）出家后，他在日本的妻子诚子问弘一："什么是爱？"弘一法师说："爱，就是慈悲，接纳自己的阴影，无条件地接纳自己，这便是爱！爱自己，就要爱惜自己的身体，把身体当成给自己的朋友一样来爱护，好好对待；爱自己，就要洁身自好，言语谨慎，不献媚屈膝，不阿谀奉承，不诽谤他人。做好自己，才是真的爱自己。"

总之，爱就是希望自己更好、他人更好、社会更好、世界更好，是人与自身、人与他人、人与社会、人与自然的统一，从本质上讲，这是一种高尚的思想境界、素质修养。

爱与幸福和外界的条件是没有任何关系的，爱和幸福来自内心。去爱吧，付出爱，也收获爱。

什么是好的伴侣

夫妻关系，是处于婚姻中的两个人最重要的一种关系。我想先请你思考一个问题：在你眼里，什么样的伴侣，才算是好伴侣？也许你最先想到的，是郎才女貌。可是郎才女貌只是外在的，是别人眼里的好，而不是这对伴侣自己感受到的好。也许你又会想，两个人都应该是好人。比如妻子要温柔体贴，丈夫要负责任、有担当。可是，两个好人在一起，也不意味着一定是一对好夫妻。

好的伴侣在于彼此激励与帮助。一个人的努力付出叫爱，两个人的用心经营才叫爱情。最好的伴侣，不会有无尽的要求和盲目的付出，而是为了一致的目标相伴而行，共同成长，相互滋养，彼此成就。杨澜曾经说过："真正优秀的男人，会希望自己的妻子是有一个抱负的女人。"所以，如果女人有梦想，男人应该全力支持的。

好的伴侣在于彼此理解与付出。好的夫妻关系，是能为对方着想，能体谅对方的不易，并尽自己的所能去为对方付出。每当读杨绛先生的《我们仨》时，嘴角就会上扬，内心就无比幸福。他们在生活中相互理解、为彼此付出，相伴度过了患难岁月，两人的感情从未被柴米油盐淡化。杨绛会为了钱钟书自学打针，钱钟书会为了杨绛学习厨艺。"笨手笨脚的生活白痴"，每次闯祸都会有杨绛帮他善后。夫妻双方只有相互理解、相互付出，才不会被生活的琐事烦扰，才不会让婚姻生活变得一地鸡毛，夫妻关系才会更和谐。好的伴侣，可以让两个人充分地体会到被别人理解的美妙，收获满满的幸福。

好的伴侣在于彼此欣赏和仰望。相爱的人看对方的时候，眼里都泛着光。爱人就像是彼此眼中的灯塔，互相指引着前进。优秀的伴侣，懂得为对方的成长尽心尽力、添砖加瓦，收获的是彼此的进步以及情感的升华。

好的伴侣就是有这样的魔力，因为一个人，你会变成另外一个更好的自己，因为在这份喜欢里，多了一份责任，多了一份未来。只要有那个人在身边，一切都是美好的，你愿意热爱身边的点点滴滴，你愿意积极主动地面对生活中所有的一切。爱一个人，会心甘情愿地为了对方改变。爱一个人，即使世界再如何不堪，也会在一片黑暗中看到一缕光芒。

莫愁前路无知己，天下谁人不识君。茫茫人海两个人走到一起就是缘分。一个完整接纳你的人，一个珍视你的人，一个愿意与你共同进步、彼此成就的人，就是最好的伴侣。在彼此的世界里，各自为共同的目标不懈努力，彼此成就，最终相会于人生顶峰。

真爱路径

很多女孩子问我如何找到生命中的真爱,那我想先问你一个问题:你爱自己吗?如果一个人都不懂得爱自己,你怎么去吸引别人来爱你呢?

著名心理学家张怡筠曾说过,她的先生是世界上最爱她的那个人。

一个女人只有真正懂得爱自己他才会爱你。一个男人只有像爱惜自己的眼睛一样去爱惜女人,你才可以嫁给他。

爱情是灵魂和灵魂之间的相互吸引,是两个人的情投意合、心心相印的感觉。如何找到生命中的真爱?首先是让自己拥有爱的能力,能够辨别爱,回应爱,抓住爱。主动爱一个人也好,被爱也好,首先需要我们明白什么是爱,其次是拥有爱的能力,否则即使遇到了爱情,你也未必能分清,到最后只能错过。

很多人都说，原生家庭不好的人，往往很难去爱一个人，这是因为他们从小没有得到太多的爱，也不懂什么是爱，所以在这种事上向来缺乏安全感。诚然，成长环境对我们有着不可磨灭的影响，但这并不是无法改变的。

你若芬芳，蝴蝶自来。你的优秀，会让真爱主动来找你。如果你也因为缺爱而不敢去爱，那么你首先要做的不是渴求爱，而是学会爱自己。一个连自己都不爱的人，是无法去爱别人，也无法让别人来爱的，恰如王尔德曾经说的，爱自己才是终生浪漫的开始。

一个有趣、独立且充满智慧的人，走到哪里，都会有一种巨大的磁场，吸引到有着共同兴趣爱好的异性。只要你足够优秀，拥有一个独立而有趣的灵魂，何愁没有真爱？那么在遇到真爱之前，你要学会真正爱上自己。什么是真正的爱自己呢？那就是从心灵深处去接纳自己、呵护自己，读书、旅行、阅读、成长、去见世面扬帆起航。

随着年龄的增长、悟性的增加，我们甚至不需要见面，仅凭文字或声音，便能感知到一个人与自己的磁场是否契合，以共同的兴趣爱好吸引到的爱情，相对更容易长久。

"家有梧桐树，自有凤凰来。"这辈子最需要负责的，是自己的成长。我们只有先担起这份责任，成为一棵枝繁叶茂的梧桐树，真爱自会寻着你的芬芳找到你！

人生的八个阶段

《生命周期完成式》是爱利克·埃里克森的经典著作，是其毕生研究的精华，书中提出了人类心理社会发展的八阶段理论，以及身份认同危机的概念。在这里，主要是和大家分享作者阐述的人生所经历的八个阶段，以及具有的心理发展特征、成长方式和应完成的任务。了解生命在每一个阶段要面临的挑战和功课，以及需要修炼的能力，才能更好地融入社会。尤其为人父母，更应该了解孩子生命成长的规律，更好地陪伴孩子成长，同时也要迎接自己人生的生命周期面临的挑战。

第一阶段——婴儿期（0—1岁）。婴儿刚出生，什么能力都不具备，对这个世界是茫然的。他首先面临的挑战是对世界的不信任，他不知道谁可以帮他，当他要吃喝拉撒的时候，他只能通过哭来表达自己的需求。他需要形成什么样的能力呢？信任。当他开始信任周围的人和事的时候，就会慢慢融入这个世界。

有些人形象看起来很普通，能力也一般，但自我感觉很好，很愿意去跟这个世界链接，呈现出来的是非常自信的一种状态。而有些人明明很优秀，能力也很强，但是他内心总是自卑，觉得自己不够好，配不上。他有一个幸福和谐的家庭，但是他总担心会被另一半抛弃。

为什么这两种人的心理图式完全不一样呢？这就是由童年的时候决定的。

奥地利心理学家阿德勒说：幸福的童年决定一生，不幸的童年需要用一生去治愈。

有些人的童年非常幸福，出生在非常富足的家庭，从小在无条件的爱中长大，而有些人在童年的经历没有那么幸福，比如一些从小就寄人篱下的孩子，活得战战兢兢，即使长大了通过学业、工作改变了命运，但是内心深处的图式依然停留在小时候的自卑状态。

当然，这种图式不是一成不变的，人是发展的动物，我们是可以通过学习觉察改变自己的。为人父母在这个阶段，最重要的功课就是给足婴儿安全感，无条件满足他的需求，让他形成信任这个世界的能力，从某种意义上来说，他跟父母的链接就是跟这个世界的链接。

第二阶段——幼儿期（1—3岁）。当孩子长到1周岁的时候，他开始牙牙学语，意识也越来越强烈，宝宝开始探索这个世界，他对周围的一切都充满了好奇。他会试图用嘴去触碰这个世界，什么东西都会拿来往嘴里塞，他会用身体的本能智慧去感知这个世界，但因为力量不够，所以这个阶段的孩子会表现得羞怯与自我怀疑。他试图探索"我"的存在：我是谁，我从哪里来，我要去哪里？孩子在这个阶段面临的挑战是自主行动，通过行动融入这个世界。

父母需要做的就是给予鼓励，无条件接纳，只要保证孩子的人身安全，鼓励孩子大胆去探索去尝试，保护好孩子的好奇心，他长大之后内心会充满力量。很多父母不懂这个道理，看见孩子什么都往嘴里塞，很担心；看见孩子把家里搞得一团糟，就一顿批评。这个阶段的孩子也会不断试探父母的底线，想看看自己犯错之后父母怎么对待自己。父母既要鼓励孩子，同时也要立好规矩，什么可以做，什么不可以做，如果没有边界意识，也会导致孩子自以为是。

第三阶段——学前期（4—6岁）。这个阶段的孩子开始读幼儿园了，还没有正式上小学，周围给孩子更多的宽容空间，他会跟更多的小朋友在一起玩耍，不像在家里被父母保护得很好，他跟同学之间会有更深的链接，可能会因为用力过猛导致一些冲突，这个阶段他会有一些破坏性，也会产生一种愧疚的心理，其实他脑子里没有打人的概念，但是家长们看到的是这个小朋友有攻击性。这个阶段孩子面临的挑战是：破坏攻击带来的愧疚感。他需要形成一种能力：自控力，能够控制自己的力度，才能更好地融入社会。

父母需要做的是跟孩子温柔而坚定地沟通，态度要坚定，语气要温和，相信孩子能够控制好自己。这个阶段要注意孩子的图式演化，超前教育不可取，不要提前消耗孩子的教育资源。他的大脑要经历四个阶段的发展：阶段一，感觉运动阶段；阶段二，前运算阶段；阶段三，具体运算阶段；阶段四，形式运算阶段。什么意思呢？你教他从1数到100，他可能会，但是你跟他说10000，他就不知道是什么概念了。因为他的大脑里还没有这个图式概念，理解不了。这个阶段不要让孩子学数学以及逻辑之类的知识，而是以音乐、古诗去熏陶，不求理解和记忆，去感受就可以了。

第四阶段——学龄期（7—13岁）。这个阶段的孩子要进入学校，开始正式的教育。面临的挑战是自卑感。孩子进入学校之后他跟更多的同学开启了竞争关系，学校里会有排名，他跟自己的同学有了更深的链接，同时也是一种竞争关系，他就会产生一种自卑感。用什么方式超越这种自卑感？唯有努力，他会勤奋学习，他意识到人跟人是有竞争的，要很努力很勤奋，才能从人群中脱颖而出。所以你会发现，那些学习很勤奋的孩子长大了工作也很努力，因为他的内心渴望摆脱这种自卑感，他要通过勤奋来融入这个社会。要形成的能力就是勤奋。自我演化就是不断成长起来，有些孩子会摆脱自卑、自恋，变得自信。也有些孩子变得很自闭，不愿意跟其他人接触。心理学家阿德勒写了一本书《自卑与超越》，分享的是他自己的经历。校长李希贵说：教育学，本质就是关系学。孩子跟老师的关系越好，他的成绩就越好。父母能做的就是帮助他跟老师和同学建立良好的链接。

第五阶段——青春期（14—20岁）。在这个阶段，孩子开始进入中学阶段。这个阶段孩子会开始分化，角色开始混乱，不像前面四个阶段努力地想融入社会。这阶段他们会抗拒社会。父母在这个阶段也会很头疼，孩子变得很叛逆，不像之前那么听话，因为孩子身体进入快速发育阶段，女孩子要来月经了，男孩子可能会有遗精，脸上可能会冒痘痘，身体的改变会带来心理的改变。有些孩子会在这个时候染上不好的习惯，比如抽烟、喝酒，他们其实是通过这些叛逆的行为来证明"我"的存在，他们在反抗父母的过程中寻求自我认同。

为什么青春期那么难搞？青春期是孩子心理面临疾风骤雨的变化期。父母错把青春期当成叛逆期，你叫他往东，他偏往西。父母总想把最好的东西给到孩子，孩子偏不要。这个阶段，父母的耐心沟通非常重要，不要跟孩子对抗，陪伴孩子走过这个阶段。

第六阶段——成年早期（20—30岁）。这个阶段孩子要么进入大学继续高等教育，要么进入社会参加工作，无论怎样，都离开了父母，要独自去面向未来，他们面临的挑战是孤独感。

这种孤独感来自哪里？可能他寻寻觅觅，想找一个灵魂伴侣，但是却找不到一个志同道合的有共同语言的人。也可能想要证明自己，但是很努力工作也不被看见。夜深人静的时候，内心就会感觉很孤独。这个阶段要修炼的一个能力就是经营亲密关系的能力，早期的图式又开始发挥作用。

在原生家庭当中，父母关系越是和谐友爱，孩子从小在滋养的环境中长大，长大就越容易经营亲密关系。若孩子从小目睹的是父母离婚、吵闹、暴力，那么他经营亲密关系的能力就弱。

孩子经历了青春期的反抗，又开始回归社会。这个阶段，是孩子修炼道德和品格的阶段。孩子会去探寻亲密关系，了解爱的本质。一个不懂得游泳的人，换泳池是没用的。同样，不懂得爱，换爱人也是没用的。

很多人谈了很多段感情，性质都差不多，其实是一种图式轮回。这个时候要觉察自己的模式是不是出了问题。

第七阶段——成年期（30—60岁）。这个阶段的人生进入了稳定状态，很多人会结婚成家，事业也会进入发展阶段，开始回馈社会，给社会创造价值。

这个阶段要修炼的能力是生产、繁衍与创造，这个阶段的人是社会的中流砥柱，上有老下有小，肩上扛着责任与担子。面临的挑战是停滞与虚无感。这个阶段也是人生极为漫长的一个阶段，跨越30年，从意气风发到中年无奈以及即将面临退休的恐慌。要不要创业，要不要转型？该不该突破舒适圈？人与人之间的差距往往就在这个阶段拉开的。有些人选择勇往直前追随自己的梦想，把梦想变成现实，而有些人选择跟生活妥协，安分守己过日子。没有对错好坏之分，忠于自己的选择。

第八阶段——老年期（60岁以后）这是人生的最后一个阶段，也叫绝望期，他可能经历过事业的高潮或者权力的顶峰期，有过呼风唤雨的高光时刻，现在退休了突然间门庭冷落，子女离开自己生活，忙于自己的事业和家庭，可能没有那么多时间回来看望自己。发现自己不受别人那么重视了，这个时候的内心会有一种绝望和孤独。

这个阶段需要修炼的一种能力叫自我统合，体面地告别社会，把这个舞台留给年轻人。可以梳理回顾自己的一生，想想这辈子最值得骄傲和自豪的是什么，看看自己还有什么未了的心愿。古人"七十古来稀"，现代社会医疗成熟科技发达，人活到八九十岁很正常，也就意味着退休到死亡还有二三十年，相当于一个成年期。如果觉得人生有遗憾，完全可以从来再来一遍。这个阶段，没有很重的家庭压力，而且积累了一定的人脉资源和人生阅历，为人处世也更加圆融。中国目前出现了一批超级老年人，他们选择银发创业，实现自己的老年梦。

埃里克森的"心理发展"，是从出生到衰亡的整个人生历程的划分。这是一个动态过程，各种特质在成功与不成功两极之间，具有变化的空间。这是连续一生的渐进发展，先前阶段发展好不好，会影响以后的发展阶段。作为父母，要特别注意"青少年期"之前的发展品质。最后，用阿德勒的一句话作结：幸福的人用童年治愈一生，不幸的人用一生去治愈童年。

幸福其实也是一种能力

我在成长的路上考了 8 个导师证,但让我收获最大的是其中 2 个人本心理学导师证,因为这两个导师证教会我如何打开幸福之门。

心理学,诞生在 1879 年,冯特在莱比锡大学创建了世界上第一个心理学实验室。心理学是很年轻的一门学科,只有一百多年的历史。严格来说,心理学是属于哲学的一个分支,人类在面临苦难的时候通常会回到哲学的层面去探索答案,而很多心理学的发展也最早依托在哲学上面,比如九型人格的学统是灵修哲学,而呈现出来的是一种心理学的方式。但哲学与心理学也有本质的区别:哲学帮助人类,心理学则帮助具体的人。

心理学的目标在于更好地描述、解释、预测和干预人类行为。

心理学的任务是帮助到人。怎么去理解"帮助到人",心理咨询师在帮案主做咨询或者疗愈的时候，通过几个小时的访谈，有这几个指标：帮助案主建立高的自我价值，帮助案主成为更好的决策者。

心理学经过一百多年的发展，到现在有很多流派，结构主义、功能主义、精神分析、行为主义、人本主义等。我个人偏向人本主义心理学，因为它研究的是如何让人更幸福。因此人本主义心理学也被称为积极心理学或幸福心理学。它研究的课题是如何让人活得更好更幸福。不像结构主义和功能主义那么"冷冰冰"。

人本主义的人性观：把人当人。怎么理解？一个人，他想怎样就怎样，这个"好"是由他自己定义的，他有能力让自己变好。这个"好"，不是按照世俗的标准来评判，而是由自己来定义，这就不得不提到人本主义的底层逻辑：对他人个体意志的充分尊重。马斯洛提出一个概念"自我实现"：人就像一颗种子，永远在从环境中吸取养分，提升自身的才智和能力，不要用固定的眼光看他们。种子钻出了石头缝，我们不应该只看到它在某一刻的歪歪扭扭，而要看到它不断向上生长的内在生命力。

一个人追求成功和财富，另一个人是在追求自由和内心的宁静，你觉得哪个在自我实现？人本主义的价值观：都好，只要是人真心在追求，而不是作秀，都是在自我实现。

读了马斯洛金字塔需求理论，很多人会认为，先满足生理需求，然后归属需求，最后才能上升到自我实现，人应该是一步一步往上走，如果连生存都保障不了，谈什么自我实现？！如果按照这个标准，那么我们历史的河流中不知道要流产多少文学家和艺术家。凡·高生前只卖出一幅画作，也不影响他成为伟大的艺术家。曹雪芹生前穷困潦倒，死后却成为一代文学家。他们追求的起点就是自我实现。

人本心理学认为高和低并不代表好或者不好，只代表发展阶段上的先后顺序。这个观点让心理学真正做到了一视同仁。

人本主义的方法论：以人为中心。卡尔·罗杰斯开创了一种新的心理治疗流派：以人为中心疗法。核心元素：无条件积极关注，无条件地对一个人表达全然的欣赏和接纳。

这个流派也因此颠覆了整个行业的性质：客户不是病人，统一称来访者，心理咨询跟法律咨询一样提供服务，完全平等。这种认知方式解放了来访者，也解放了专业人士。

如今，心理学越来越受欢迎，社会也越来越包容，你可以选择奋斗，你也可以选择"躺平"，没有对错，幸福就好。

万维钢老师提出一个概念：相对幸福和绝对幸福。

相对幸福指的是：你住 300 平方米的豪宅，我住 500 平方米的别墅，你开 30 万的车子，我开 100 万的豪车，我只要比你好一点点，就感觉幸福，这种幸福是比较出来的。这种幸福很难持久，因为时代的发展是不确定性的。还有一种幸福，就是绝对幸福，比如你健康的身体，和谐的家庭，你的能力，你的孩子，这些都是别人拿不走的。

从内心深处去了解自己，接纳自己，欣赏自己，幸福其实也是一种能力，这是我学心理学得到的感悟。

第六章

打开 自由之门

自由与生命

人的生活分三层：一层物质生活，柴米油盐酱醋茶；二层精神生活，琴棋书画诗酒花；三层灵魂生活，自由的呼吸。在我心里，身心自由，财富自由，时间自由的人生，才是幸福的人生。

分享一个小插曲：我参加一个课程的学习，传说中这个老师是个实战派，我想去取取经。三天的公开课结束，有一大半人报课了，还有一小半人没有报。这位老师对没有报名的同学说："你们为什么没有报我的课？因为你们没有看到我的价值！"语气满是指责，背后的声音"都是你的错"。我也是做导师的，经常在讲台上讲课，如果是我，我会这么说："今天你如果报名，我会感恩，会珍惜我们之间的缘分。今天如果你没有报名，是我的问题，我会努力把自己修炼好，迎接我们的缘分。"

我很欣赏她，但是我不愿意成为她。以术御道，止于术。以道御术，其术可求！很多人穷极一生在追求财富，为什么达不到财务自由？因为追求财富容易，追求自由很难。其实很多人一辈子没有追求过自由，财富是看得见、摸得着的，自由呢？自由是你要去感受的。父母从小教育我们要追求进步，追求幸福，但没有教我们如何追求自由。

著名的鸟类学家阿瑟·威利曾经讲过一个故事："当一只美洲画眉鸟妈妈发现它的孩子被关进笼子后，就会喂小画眉足以致死的毒莓，它似乎坚信它的孩子死了总比活着做囚徒好些。"由此告诉人们，任何生物都有对自由生活的追求，而这种追求无疑是值得肯定的。

我活到中年，才开始追求自由，开始思考什么才是真正的自由。也是那段时间，才慢慢明白，自由才是打开幸福和财富之门的关键。

人为什么痛苦？表面看是因为无能，实际上是心灵不自由。人有绝对自由吗？答案是有的。自由不是一种能力，而是一种选择，你选择的一种人生态度。很多人说，我的人生没有选择，我没得选。但我想和你分享一个故事。故事的主人公弗兰克尔是犹太人，也是一名精神科医生，他生活在德国。他遇到了一个难以想象的重大变故。他被关进了奥斯维辛集中营。更糟糕的是，他的全家都被关了。

这是在二战时期，纳粹集中关押犹太人的地方。简直是人间地狱。

进去的人，几乎只有一个结果，就是死去。在这样的环境里，每个人都知道自己一定会死，唯一不知道的是，什么时候会死。

死亡面前，人生没有了选择。如果换作是你，你会是一个什么样的状态，你会怎么选？大部分人都会绝望地等死吧？但是，弗兰克尔没有这样做。他想，难道真的没有选择了吗？在那个时候，他做了一件让人难以置信的事情。他找到了一些小纸片，用身边能找到的一切东西，比如树枝、小石子，去记录自己的经历，去写作。他还会找玻璃碎片，给自己刮胡子，让自己看起来更精神些。每天稍微整理自己的发型，教身边的人唱歌，他做了很多事情。即便活在集中营里，弗兰克尔也要选择活得有尊严。

最终，他活下来了，成了幸存者。可回到家里他发现，他的父母、妻子都死在了其他的集中营里。现实虽然痛苦，但是他重获自由之后，依然打起精神写了本书，书名是《活出生命的意义》。后来被翻译成了34种语言，在全世界卖了1200万册，感动了千千万万的人。他也因此开创了一个心理学学派"意义疗法"，还被29所大学聘为教授，来传授他对生命的意义的理解。

一面是死亡，一面选择开始写书，选择去做有意义的事，这就是弗兰克尔。

生命真的没有选择吗？《活出生命的意义》这本书里有一句话：

"The last freedom of human being, is the freedom to choose."（人类最终极的自由，就是选择的自由。）

选择自由，其实就是身心自由，在人生大事上做选择，我永远选择问自己的心，心会告诉我答案。

自由的大门将向渴望追求自由的人敞开。打开自由之门，让你的生命更有意义！

自由是一种责任

自由是人类一直追求的价值，它代表着个人的权利和尊严。伟大的德国先哲歌德说："人类的节制比放纵更接近自由。"孔子说："从心所欲不逾矩。"自由是有所为，有所不为。真正的自由者是找到了生命的节奏，按照自己的生命去展开他的生活，不念过去，不畏将来。

弘一法师李叔同出生天津名门望族，从小锦衣玉食，琴棋书画样样精通。年少的时候，他就是一个放荡不羁的纨绔子弟，先是跟名伶杨翠喜爱得死去活来，在母亲的安排下娶妻生子，后来跑去日本留学，娶了日本妻子，学成归来投身教育事业。他是第一个把五线谱、西洋画带进国内的人。日本导师问他："你要做中国的凡·高，还是中国的贝多芬？"他淡然地说："我做李叔同。"他深爱日本的妻子，但是爱也满足不了他灵魂的渴求。他出家做苦行僧，在佛法里，在律宗里，找到了灵魂的渴求。世俗眼光的标准，他不是一个好父亲，也不是一个好丈夫。半世风流半世空，世间再无李叔同。从此，只有一代高僧弘一法师。

他先是在杭州修净土宗，觉得不够，又去温州修律宗。师父问他："八万四千法门，为何修律宗？"他说："弟子前半生罪孽深重。"他的父亲喜欢佛法，或许是受了父亲的影响，他跟佛十分有缘。他在 15 岁那年写了一句诗：人生犹似西山日，富贵终如草上霜。弘一法师的一生，据于儒，依于道，逸于禅。他用一辈子的时光，经历常人十辈子的生活，活出了灵魂的自由。

如果所有的人都跟李叔同一样，这个世界就乱了，人只能做自己，做自己想做的事，追求自己想要的幸福。

在这个物欲横流的时代，回归生活本真才是最快乐的。

新东方的创始人俞敏洪曾经说过，人要像树一样活着，人生最重要的价值是心灵的幸福，而不是任何身外之物。生活需要我们去努力，年轻时我们要努力提升自己的能力，掌握知识，掌握技能，掌握必要的社会经验。为了不让生活留下遗憾和后悔，我们应该尽可能抓住一切改变生活的机会。机会需要我们去寻找，好的运气不可能持续一辈子，能依靠一辈子的东西只有你个人的能力。

所谓自由，并不是随心所欲，而是自我主宰。自由是一种责任，需要我们在享受自由的同时，也要承担相应的责任。

我无数次问自己，我想要的自由究竟是什么，要成为什么样的人，过什么样的生活。随着时间、空间的不断转换，我的答案也在不断更新。自由人生，最重要的是自我主宰，我的人生我做主，是自己能够在人生规划上自我决定、自我控制、自我约束，不被外部因素左右，做到真正的自我实现。

目前，我将自己的自由人生归结到自我追求生命的意义和价值，做一个导师，传道授业解惑，助人成长，给人带来希望和快乐。当然，我还要做IP，做产业，做运营，做治疗师等，我要让自己的生命丰富且有意义。

人性的本质

孔子说:"性相近,习相远也。"以此而可以将人性划分为先天性和后天性两种。

人性的本质可以从人类的起源和生命存在的意义来解读。亚里士多德认为,人是有理性的动物,人的本质是理性。历史在变,而人性永存。无论是人的本质心理属性,还是人与动物所共有的属性,由于它们都是人所共有的心理属性,那么这种属性也就不可能是后天的结果,只能是人类天性,属于无条件反射。

现代社会学家认为,世界上只有一个人类,只有一种人性。这是不同民族之间能够交流、达成理解的前提。人生下来就存在由于祖先生存的险恶环境衍生的对生存的渴望,对胜利的渴望,对与自己相似的伴侣的渴望,对同类间自己地位的关心,以及由于史前人类的习惯和同理心还有对同类帮助的冲动。从人脑的结构来看，这些都直接对前额叶造成影响，可以被出生后的记忆和周围事物所改变。

人是一种具有存在性、生命性、社会性、精神性的物种。人的这四种属性，决定了人有四种本能，一是生命本能；二是社会认同本能；三是自我认同本能；四是解脱本能。这四种本能对应了人应该有的人生目标分别是健康、成功（社会认同）、幸福（自我认同）、智慧。

我心中的人性：贪、嗔、痴、慢、疑，俗称"五毒"。

什么是贪？追求自己够不着的东西，能力跟不上你的欲望。

什么是嗔？嗔恨心，发怒，愤怒。人为什么会愤怒？因为你觉得别人不尊重你，没有满足你的心理需求。

什么是痴？看不清事物的本质，看不清自己的价值，痴迷于虚幻的东西。

什么是慢？傲慢，不懂的东西，看不上的东西，觉得太廉价了。

什么是疑？怀疑，不容易相信别人，当新事物来临，不是抱着开放接纳的态度，而是怀疑，也因此错过一些机会。

人性的本质还可以从人类的价值观和道德观念来理解。康德认为，人性的本质是自由和理性，自由是指人们的自主性和独立性，理性是指人们对于世界的认识和理解。高人会看清人性的弱点，从而知道怎么去规避。小人恰恰利用人性的弱点，来满足自己的私欲。

自古至今，对人性的争论很多。中国古代就有性善论、性恶论、无恶无善论、有善有恶论等。孟子的性善论，认为人生来即有恻隐、善恶、辞让、是非四种善端，扩而充之，便可形成仁、义、礼、智的善性。从哲学的角度来看，人性的本质是一个多层次、多维度的概念，可以从不同的角度来解读。人性的本质既可以理解为理性、自由、价值观和道德观念，也可以理解为社会性和情感。无论如何，人性的本质都是人类智慧的总结，是人类文明不断发展的结果。仁、义、礼、智、信就像有人的肢体，如果将它们发扬光大，足可以健康成长，亦可获得一个自由而幸福的人生。

舍得就是一场修炼

舍得是一种人生智慧和态度，是拥有超越境界来对已得和可得的东西进行决断的情怀和智慧。也是一种雅俗共赏，启迪心智的"生活禅"。古人云：有舍才有得。要想得，必须舍弃，即愿意付出。

在我看来，舍得不是一件事，是两个概念。舍是一种境界，得是一种能力。所谓的舍，指的是舍去内心的吝啬和贪婪，舍掉那份失去的遗憾和得不到的痛苦，舍去势利眼、白日梦和贪婪。最能折磨你的，唯有不知满足。贪得越多，欲望越多，自然跑不快，就像巴尔扎克的小说《欧也妮·葛朗台》中的葛朗台，在生命的最后一刻，他想攥在手中的依然只有黄金，这一个动作耗尽了他生命的最后一丝叹息。

现在有一个流行的词"断舍离"，说的就是这个道理。舍弃在一开始会让你感到很痛苦，因为人的灵魂好像都已经依附在各种外物上，舍弃一部分就是舍弃一部分自己的灵魂。人可以通过舍弃的方法找回自己，不再迷失于外物。

舍，是一种境界。境界是修出来的。而得，是一种向外认知、链接、抓取的能力。明盛衰，通成败，审治乱，达去就，是一种成事的品质。舍得不是舍与得之间的日常计较，而是拥有超越境界来对已得和可得的东西进行决断的情怀和智慧。

舍得既是一种处世的哲学，也是一种做人做事的艺术。舍与得就如水与火、天与地、阴与阳一样，是既对立又统一的矛盾概念，相生相克，相辅相成，存于天地，存于人世，存于心间，存于微妙的细节，囊括了万物运行的所有机理。万事万物均在舍得之中，才能达至和谐，达到统一。你若真正把握了舍与得的机理和尺度，便等于把握了人生的钥匙和成功的机遇。要知道，百年的人生，也不过就是一舍一得的重复。在得的过程中，我们照见了人性的贪嗔痴慢疑，也会发现人心的真善美，懂人性，通人心，征服自己的弱，点亮他人的美。得，是一种能力，是历练出来的。舍得，是人生的一场修炼。

第七章

如何激发原动力

爱与被爱，同等重要

《认知觉醒》的作者周岭说过，成长的本质是让大脑的认知变得更加清晰。这一路走来，我都在做这一件事，那就是：让自己的头脑清醒，认知清晰，心态笃定和坚信有美好的未来。

这一章我要和大家讨论的是如何激发原动力，那么原动力是什么？是人类行为背后的推动力，是人们行动的原因和目的。它包括生理、心理和社会原动力。这三种动力互相影响、交织在一起，共同驱动着人们的行为。而我理解的原动力是本能，也就是欲望。人的本能就是人的欲望，包括：理想实现，生存技能，但更重要的原动力应该是爱。

爱是人不断成长最强大的原动力，因为没有人会拒绝爱。

从我们成为一个小生命的那一刻，到自己孕育生命，再到自己生命的终结，始终希望爱环绕着我们。一辈子都在追求爱，渴求父母的爱，子女的爱，同事的爱，社会的爱，从小爱到大爱。别人的财富比你多，创业比你成功，家庭比你幸福，这都归结于爱，他知道如何去爱和被爱。

在生命的旅途中，爱是我们永远追求的目标之一。而被爱，则是一种需要被肯定和接纳的情感。当我们受到别人的爱护和关怀时，我们会感到内心的满足和安全感。

爱与被爱，同等重要。无论在家庭还是社会上，爱和被爱都至关重要。没有爱，我们无法真正地理解和接纳别人，也无法得到别人的接纳和理解。没有被爱，我们无法满足心理需求，也无法感受到别人的支持和关注。就如一个老师，如果不爱他的学生，他的学生也不爱他，这是何等悲惨！在一个没有爱的课堂里，怎么会有幸福可言。

如何把这股动力转换成正向的能量？从爱走向慈悲。因爱故生忧，因爱故生怖。若离于爱者，无忧亦无怖。渴望爱最好的方式，就是付出自己的爱，从小爱走向博爱。无论是与客户、同事、朋友还是家人相处，我们都需要表现出爱和被爱。在工作中，爱可以是帮助他人解决问题，鼓励他们在困难中坚持下去；被爱可以是认可和感激他人对我们的帮助。爱可以是与他人分享快乐，关心他人的感受；被爱可以是他人的认可和支持，使我们感受到一种归属感。

因为懂得，所以慈悲。爱，就是慈悲。特蕾莎出生于南斯拉夫一个富裕的家庭，但她把自己的一生都奉献给了穷人，她认为自己是上帝的一支铅笔，用一生演绎爱的真谛，爱是恒久忍耐又有恩慈。她活着的时候，被世人称为人间的天使，当她离去，依然成为一种力量：温暖，坚定。她告诉了这个世界什么是真爱，如何去爱。

爱和被爱是构成健康而愉悦的生活的必要条件，只有在这样的生活中，我们才能真正地感受到生命的意义和价值。

当然，爱的层次比较宽泛，也就是内容十分丰富。比如爱自己，爱他人，爱同事，爱朋友，爱工作，爱社会，爱国家，爱整个世界。包括风花雪月，鸟鱼虫兽，万事万物。一句话，就是心怀一颗友爱之心虔诚去爱，因为《孟子》有云："爱人者，人恒爱之；敬人者，人恒敬之。"

好奇与心流

强烈的好奇心、求知欲是人生成长的原动力,它属于心理动机的范畴,对创造性思维与想象力的形成具有十分重要的意义。

一个人会在一个蚂蚁窝面前蹲一下午,因为他好奇蚂蚁是如何交流的、如何找食物的、如何搬家的。同样因为好奇,我们会全身心投入,全然不知时间流逝,并且这个过程你的身心是愉悦的。所以,好奇心是心流的原动力。

持久地做一件事,始于好奇,止于心流。因此,我们要培养好奇心,乐于尝试新鲜事物,记住好奇心与兴趣永远是最好的老师;享受好奇心,接受好奇心所带来的乐趣;保护好创造力,集中精力在最重要的创新上,专注于一点,体验心流所带来的极致幸福感。

爱迪生发明了电灯,牛顿发现了万有引力,达·芬奇的一辈子活出了人家的十辈子，这一切都源于那份强烈的好奇心。

"心流"是什么？"心流"是指我们在做某些事情时，那种全神贯注、投入忘我的状态。在这种状态下，你甚至会忘记时间的存在，在完成这件事情后，你会收获一种充满能量并且十分满足的感觉。这种体验会为我们的生活注入源源不断的精神力量，从而提升我们的生活品质。

产生心流的场景有很多，通常在做自己非常喜欢、有挑战并且擅长的事情时，我们就很容易体验到心流，比如跑步、爬山、打球、游泳、做瑜伽、阅读、唱歌、演奏乐器还有工作的时候，都能够获得满满的幸福感。

作为父母，一定要保护好孩子的那份好奇心。我家孩子3岁的时候，半夜三点醒来，说要去看看天上的月亮和星星。我当时想满足他的需求，我老公非常生气地教训他，觉得3岁了，不能任由他性子来，老公要求我跟他统一战线，孩子看到我转身上楼的那一瞬，绝望地崩溃大哭。两个人在客厅对峙了3小时直到天亮，孩子累得睡过去了，这事才算结束。后来我专门请教做幼儿园园长的同学，他说这样会抹杀孩子的好奇心。只要不涉及人身危险，孩子想去探索的，想去了解的，都尽量去满足他。

兴趣是最好的老师，唯有心流才能让你享受，时间不知不觉就过去了。我在学习的时候，就能体会到这种心流，每次外出学习考导师证，五天五夜高强度的学习，对我而言就是一种精神的享受。

在我们的人生路上，如果能始终保持一颗童心、一份好奇心，那么它就能触发心流，让我们体验极致的快乐。试想一下，你对所做的事情，从事的职业，充满好奇、充满激情，获得良好的心流体验，你的人生是多么有价值，有意义！

嫉妒与自我

巴菲特说过，推动世界的不是贪婪，而是嫉妒。嫉妒本身也是一种原动力。现代社会强调竞争，加上社交媒体的崛起，我们时时刻刻都能感受到身边人的生活，比如好车、好房、好的名誉、好的地位、丰富的物质、甜蜜的爱情。但正因为嫉妒，你有了追赶的方向，你会加倍努力，让自己更加优秀，最后得到自己想要的东西。

嫉妒之心人皆有之，它是一种普遍情绪，如果连嫉妒都没有，整个生活将会是一潭死水，就像现在社会上那些跑不赢就"躺平"的人。正常的嫉妒心理会使人的心里意识感受到一种压力，从而产生一种向他人学习并超越的动力，促使人去拼搏奋进。就像我们上学的时候，总是奔着第一名，成绩不好就会焦虑，甚至会痛苦，只有变压力为动力，将嫉妒的消极心理转为竞争的积极心理，才会胜过对方。

在现实生活中，我们通常会在与他人比较中来确定自身价值。如果别人的价值高，就会觉得自己很不如意，从而就会产生一种非常痛苦的情绪体验。尤其是比较对象和自己本来不分上下或不如自己时，这种情绪很容易转化为对别人的不满或嫉恨，在行为上表现出从对立的立场上寻找对方的不足，或认为对方之所以成功只是由于外部原因，达到自我心理上的暂时平衡。即使是控制自己不表现出上述行为，但是原来轻松无拘无束的交往气氛也会变得紧张起来。因嫉妒引起的人际关系疏远、紧张乃至冲突的事例很多很多，表现最突出的就是同行竞争。

嫉妒是把双刃剑，如果用在正道上，就是进取心、正能量。心理学家认为：嫉妒，其实是一种自我防御。只有转换这股能量，就是做到心中"无我"，对一切境界不思量、不分别、不执着！

在《金刚经》中有提及四种相，即是无我相、无人相、无众生相以及无寿者相，实际上这四相都是讨论同样的事物，就是"我"。这里所提到的"我"，就是指那些属于我或虽不属于我，而却期望得到和不要得到的东西。除了那些我们已经拥有而不希望失去，以及拥有却想除去的，还有那些我们没有却想得到或害怕得到的东西之外，没有什么是可以被称为"我"的。自我驱除嫉妒是一种突出自我的表现。无论什么事，首先考虑到的是自身的得失，因而引起一系列的不良后果。若出现嫉妒苗头时，即行自我约束，摆正自身位置，努力驱除嫉妒心态，可能就会变得"心底无私天地宽"了。其实能够体现出个人价值的方面很多，而每个人的优势和劣势又不尽相同。所以，用统一的标准衡量人的价值是不准确的。人必须学会和自己和解，懂得人生更重要的事是不断超越自己，而不是超过别人。

山外有山，天外有天，扬长避短，完善自我，才能超越自我，创造真正的优越感，在人生的舞台上赢得属于自己的地位。

认可与成就

成就，是衡量人生的重要尺度。换句话说，没有他人的认可，便不会有什么成就。每个人都希望得到认可，他人的认可、领导的认可、社会的认可，渴望认可也是人生成长的原动力。

人的一生，最大的成就，大概就是得到自我肯定和他人的认可吧。无论我们在做什么样的事情，时间久了以后，也总希望得到大家的认可。有的时候，哪怕只是简单的一句话，也会让自己感到信心满满，动力十足。

马斯洛在《人类动机论》中提出人类需要五层次理论。其中第四层就是尊重的需要，表现为自尊和受到别人尊重，可见认可对于想获得成就的人来说是多么重要。

查尔斯·狄更斯，这个名字你一定听说过吧？他是一个幸运的人，因为别人的认可，最后取得了成功。在他很年轻的时候，很想当一名作家。

但是，他做什么事情都不顺利，因他的父亲坐牢，家徒四壁，连温饱都是个问题。找了一份工作，在一个脏乱差的货仓里贴鞋油底的标签。他爱写作，但对自己的作品毫无信心。总是在深夜里偷偷寄出自己的稿子，因为怕被别人看见了笑话自己。终于有一天，他的稿子被采用了，编辑夸奖他，说他很有写作的天赋。编辑可能无意的一个嘉许，改变了他的一生，这也说明了被人认可的作用有多么大。

在实际生活中，并不是所有人都会像他那样幸运，遇到好心的贵人，在最需要肯定的时候给予自己鼓励。现实就是这样残酷，既然别人不一定会成为自己的贵人，那就做自己的贵人，自己认可自己。

在一个群体里获得认可，会让我们有安全感和归属感，这是刻在我们基因里的原动力。但要立足于社会，只有自己认可自己，才能走得更加自信、更加坚定。

记得小时候的一次演讲，上场前，我对自己说，你是最棒的，你一定能行，这就是自信，自我认可。果然，那次演讲我得到了大家的认可。因此，当你做什么事情都能满怀信心的时候，你也就对前方的路充满了热情，也充满了无所畏惧的勇气。这个时候，你越往前走，就越能够接近成功的顶端。

如果说你不断怀疑自己的能力，那么你就不可能走得快，也不会走得远。因为一个自卑的人，是很难前进的，每走一步都会迟疑观望，导致停滞不前，半途而废。

认可自己，不是一件难事，但也不是一件容易的事。想要获得别人认可的最好方式，就是认可自己。社会上有这样的一群人，父母没钱没地位，就是凭借着一股不服输的勇气，相信自己，认可自己，以优异的成绩，考入名校，走上社会敢干敢拼，最后成为人生赢家。马云、俞敏洪就是这样的典型代表。但他们从小到大的灵魂需求从来没变过，那就是渴望被认可，所以穷尽一生用实力来证明自己。

成功的人也大都是能认可自己的人，因为他们坚信，只要自己足够努力，就一定能获得成功。如果我们能够认可自己，我们就不用惧怕所有的一切，就能够按照自己的意愿去开辟自己的天地。当有一天，我们成功了，别人也才会认可我们。不过那个时候，我们却是早已认可了自己，这才是最重要的。

欲望与多巴胺

你是否有这样的感觉,突然想有一趟说走就走的旅游,或者想去见一个多年未见的人。可等到真的去旅游,见到了想见的人,并没有让自己开心起来,或者没有达到自己的心理预期。是我们渴望的太多吗?其实不是。决定我们的大脑反应的,是一种神奇的化学物质——多巴胺。多巴胺是存在于大脑中的一种化学物质,这种化学物质控制着我们的欲望、冲动,甚至是想象力和创造力,它对我们的行为选择有着重要的影响,也是我们人生成长的原动力。

我们的身体都会受到"向上"和"向下"两类物质的控制。"向下"指的是控制当下的神经递质,它们决定我们当前的感受,如你当下就能达到的愿望;"向上"则是指多巴胺,决定了我们的长远规划、愿景、未来期望。正因如此,多巴胺并不像很多人以为的,是一种快乐分子,它其实是一种欲望分子,在我们已经获得很多的同时,让我们有更高的期许、更大的目标。多巴胺让我们把眼光放得更长远,追求更高的目标,但也同时让人欲望无止境、不知道满足。它既能让你体会成功的喜悦,也让成功变得平淡无奇;它让你投入一段感情,但也让当初的深情被岁月磨平;它让你获得极高的智商,但也让你与疯狂一步之遥。事实上,我们的一生都离不开多巴胺,一味地"戒断"也只会出现更多新的刺激多巴胺产生的诱因,但如果沉浸于多巴胺的分泌带来的一时快感,如沉迷于游戏或是短视频,抑或是一段恋情,久而久之也会淡化其刺激性,最终脱离初心。

"想要"和"喜欢"是需要我们区分的两个截然不同的概念,多巴胺牵制的是我们的"想要"的部分,我们想要放松,想要岁月静好的时光,但多巴胺并不会影响我们对事物的喜欢程度。我们要有清醒的认识,自己想要什么样的人生。因此我们需要控制毫无意义的欲望,学会正向反馈,使多巴胺成为助推我们实现梦想的力量。这时候,多巴胺不再是阻碍我们行为的欲望,而是能让我们成为更好的自己的推动力。

仰望天空,脚踏实地。天空是梦想发动机、奋斗的燃料,也是让一个人面对挫败时再次昂首挺胸的动力源,踏地代表生活想要富足,就要拥有执行力。在科技飞速发展的今天,我们只有加快成长的步伐,调节好生活节奏的平衡,不断地努力再努力,提升再提升,正视自身的欲望与理想,权衡内心诉求,明确生活目标,专注眼前,享受当下,戒断了无意义的欲望,才能走上更平衡、更和谐的人生之路。

恐惧与控制

1986年，美国堪萨斯大学的三位心理学家杰夫·格林伯格、谢尔顿·所罗门和汤姆·匹茨辛斯基共同提出了一个著名理论，即恐惧管理理论。恐惧管理理论认为自尊是一种对个人价值的评价和感受，即人们对自己的生命意义感和价值感的体会。

有时我们会发现自己有这样的心理，惧怕死亡，惧怕创业失败，惧怕社交，甚至做梦的内容都是被人追杀，考场上一道题都不会做，丢掉了工作等，这都是由生活压力带来的挫败感造成的。

新概念心理专家荣新奇教授认为，个体在心理上对失去控制的恐惧，可能比实际失去控制更具破坏性。杞人忧天式的心理恐惧在我们的生活中比比皆是，这种恐惧消磨了人的意志，使人失去了人生的快乐，甚至患上了抑郁症，放弃了自己的生命。

每个人的痛点都是他的恐惧，恐惧是痛点。因为恐惧，所以渴望安全。面对一件事物，你是控制还是恐惧，通常决定你是哪一边界的人。因为你的态度，通常会导致两种不一样的结果。大多数普通人，面对恐惧，本能地选择绕道而行，尽量避免做恐惧的事儿，但有些人却以恐惧为指南针，越恐惧什么就越去做什么。战胜恐惧的最好办法就是去控制它，战胜它。就像我们小时候做过的跨河游戏，第一次跨越的时候，心里很害怕，但只要越过去一次，就轻松自如了。

科特勒说：恐惧有个最大的优点，它是一个很好的动力。当你受到恐惧的时候，你就会自动专注，容易进入心流状态。比如我有时候出差回来，第二天晚上要做一场演讲，我会用白天一天时间用来准备演讲内容，高效专注，就好像一只狼在追赶你一样，你自动就会全神贯注地赶紧完成。而且往往有惊喜，那就是超水平的发挥。

如何转换恐惧的力量？拥抱不确定性，与不确定共舞。所以，你要适应恐惧，主动体验恐惧，最好达到像对待一个朋友一样去对待恐惧，这是一种什么感觉呢？把恐惧外化，不要专注于恐惧本身，而是去感受恐惧对你带来的影响。我经常用的方法，就是把恐惧的感受和想法写在笔记上，比如：我今天要做一场活动，担心害怕没有人参加，或者担心有人放鸽子；我今天要做一场演讲，有很重要的嘉宾来参加，我担心我讲不好，别人不认可我，我会很难过；我要举办一场年会，担心没人买门票。当我把这些念头和影响写出来的时候，我发现这股恐惧的能量就向外泄掉了。

我们要告诫自己，我能控制恐惧，而不是让恐惧控制我。正视这份恐惧的时候，剩下的就是动力。在我们的生活与工作中，恐惧感时有发生，我们就要想想自己能控制什么、不能控制什么，将恐惧转化为行动，可能会帮助自己以更充实的方式体验一切。而"恐惧"带来的收获，就是让我们明白，恐惧就是我们自己的边界所在。要成长，就要打破边界，直面恐惧，让恐惧成为我们前进的动力。

公平与公正

"公平公正"的意思是指不偏不倚,属于伦理学的基本范畴,意为公平正直,没有偏私。现代社会倡导"民主、平等、公正、法治"的社会主义核心价值观,极大地尊重人类生存的基本权利,这也是社会人最渴求的,也是当今社会发展的原动力。

人们盼望教育公平、希望医疗改革,表达的是人们真诚向往平等的发展机会和解决看病难的问题;收入差距、身份歧视动辄引发关注,折射出人们满心渴望公正的社会环境;司法案件频频成为舆论热点,反映着人们热切期盼法治政府和司法公正。

说实话,追求公平公正,是因为做到这些实在太难了。我们一路走来,不公平的现象时有发生,比如收入分配不公、司法不公等。

佐治亚州亚特兰大埃利莫大学的萨拉·布鲁斯南和弗兰·德·瓦尔

的一项研究表明，这种现象在猴子之间也是常见的。

在卷尾猴的世界里，葡萄是奢侈品（比黄瓜受欢迎得多）。所以当一只猴子用一块代币换回一颗葡萄时，另一只猴子便不愿意为了一片黄瓜就交出代币。如果一只猴子根本没有用代币就得到葡萄的话，那么另一只猴子就会把代币扔向研究人员或扔出房间，或者拒绝接受那片黄瓜。

事实上，只要在另一个房间出现葡萄（就算没有猴子吃它），这个事情就足以引起雌性卷尾猴的怨恨。这项研究成果发表在了《自然》杂志上。研究者们研究了雌性棕色卷尾猴的行为。这些猴子看起来很可爱，它们天性温和，善于合作，并且乐于分享食物。最重要的是，就像女性人类一样，它们通常比雄性更注重"商品和服务"的价值。

研究人员指出，卷尾猴和人类一样都受社会情感的支配。在野外，它们是一种协作、群居的物种。只有当每只猴子都没有感到受骗的时候，这种合作才能保持稳定。因为不公平而引起的愤怒似乎不是人类的专利，拒绝接受较低的酬劳可以让这些情绪准确地传达给其他成员。但是，这种公平感是在卷尾猴和人类身上各自独立演化而来，还是源自3500万年前共同的祖先这个问题仍尚无定论。

如何激发公平公正的力量，扬升这股正能量？一靠政府主导，但最主要的要靠我们这些普通民众，我们要坚守公平正义的共同信念，用自由、平等、公正、法治的价值取向引领社会思潮、凝聚国人力量。当公平公正成为整个社会的共同追求，当公平正义的阳光洒向角角落落，社会原动力才会竞相迸发，民众个人内生的原动力才会充分涌流，我们的生活才会更加美好，社会才会充满希望，因此，社会的公平公正不仅是社会文明发展的源泉，更是我们每个人成长的原动力。

中庸与和谐

如果将宇宙自然看作大天地，人则是一个小天地。人和自然在本质上是相通的，故一切人事均应顺乎自然规律，达到人与自然的和谐。

中庸是一个人成熟的生命状态。古圣先贤们崇尚禅修、静坐、冥想等方法，以追求自己的内心和谐。而和谐是社会的一种形态，也是当今社会追求的境界，而中庸之道与社会和谐密不可分，是中华民族传统文化的精华所在。

著名作家林语堂认为，中庸是在身和心之间、物质和精神之间找到了一种完全的均衡，达到了和谐相生的生命境界。

那么何谓"中庸"呢？

老子说："人法地，地法天，天法道，道法自然。"

孟子说："天时不如地利，地利不如人和。"

孔子说："中庸之为德也，其至矣乎！"（《论语·雍也》）"中庸"是一种至高的美德。不偏不倚，合乎常理，唯精唯一，止于至善，就叫作中。做到了中，就是至善的体现。做到了庸，就是道体的大用。中庸是儒家倡导的一种处世方式，也是一种深邃的生命境界，一种至高无上的修养。

古人的中庸之道是教育人们都能有觉悟地进行自我监督、自我修养和自我完善，把自己培养成为具有"礼义仁智信"人格的人，为我们提供了许多关于社会和家庭和谐的宝贵智慧。一是要互相理解与支持。每个人都有自己的优点和缺点，我们应该学会接纳对方，相互包容。同时，我们也要关心他人的心情，给予他们精神上的支持。二是要用诚恳、真诚的态度进行沟通。倾听他人的意见，用平和的语气表达自己的想法。通过有效的沟通，我们可以减少矛盾，增进彼此的了解。三是知足常乐，要学会珍惜幸福，懂得感恩。

中庸与和谐的内在就在于无我与自我的和谐统一，讲的就是一边追求无我，一边找到自我。学会与自己相处，以追求安宁的内心世界。内心强大了，才具有坚强的意志、笃定目标不懈追求的品行和能够主宰自己人生的能力。

由此可见，中庸与和谐也是我们个人成长的原动力。

第八章

如何打造强能力

何谓强能力

有了智慧和知识，还需要有能力才能把事情做成。

我们生活在无垠的宇宙中，大自然赋予了我们所需的生活能量。然而，与外在客观世界相对应，存在着一种生命个体的内在世界。它犹如浩瀚的海洋蕴含着无尽的内在能量和力量，是个体生命能力、力量的源泉。

古往今来，世界上有不少学富五车，又有大智慧的人，但是他们只能当好的谋士，却难以亲力亲为地做成一件大事，这些人所缺的是做具体事情的能力。

我们今天接受教育，除了学习知识，很重要的目的是培养能力。通常，大家在学校里培养的都是具体的专业能力，它们是易见的、好量化、好度量的，也可以被称为"强能力"。比如，大家学习计算机，编程能力就属于这种硬能力。编程能力的高低，周围人很容易就能看出来。但是，我们还需要很多"软能力"，这些能力偏偏学校还不教。比如，编写一个大型程序，需要把几个人组织起来一起工作，工作的效率和如何组织这几个人、如何分配任务有很大的关系。这种能力就属于软能力。大家在工作中可能注意过一个现象，有些人看似毕业的学校不是很好，专业能力也不是很强，却非常受领导器重，绩效很好，被提拔得很快。其实，这些人常常就是软能力很强，而那些软能力并不像专业能力那样容易被注意到，被量化和度量。

每个人所需要的软能力其实很多。每个人都需要，而且能够慢慢培养起来的软能力，包括交往力、洞察力、分辨力、职场力和行动力等。这些能力培养起来之后，人就能在职业上和生活中，比别人走得更远。

那么，智慧和能力之间是什么关系呢？智慧让我们看到其他人看不到的地方，能力让我们达到那个地方。缺了智慧，我们会迷失方向，再努力可能也是徒劳的。缺乏了能力，我们会感到心有余而力不足，看着一个个大好的机会从身边溜过，却抓不住。

有些人学富五车，拥有智慧，但是只能当谋士，因为把事情做成了，还需要强能力，否则只能眼睁睁看着机会从身边溜走。

说起能力，可能你会想到这些词汇：销售能力、沟通能力、管理能力、领导能力、演讲能力、写作能力、运营能力等。

在我看来，这些都是谋生技能，可以通过刻意训练出来的一种能力，我把它称为硬能力，可以用KPI指标来衡量，但是还有一种能力，是行走世间最根本的能力，虽然很难用指标去衡量。但非常重要，我把它称为强能力——承载能力的能力。包含三个部分：跟自己链接的能力（慎独）；跟他人链接的能力（共舞）；跟宇宙链接的能力（共振）。

随着人工智能的发展，很多岗位会被AI替代，未来社会最缺的三种能力：创造价值能力（产品人），洞察能力（发现价值，发现需求），创造能力（供方）。

道家所讲的"无形胜有形"极具现实意义，在生活中，很多无形的东西都发挥着有形的用处，很多"无"实际上比"有"更当用，无形的力量甚至远远大于有形的力量。

跟自己链接的能力 —— 慎独!

儒家提倡君子慎独,要学会独处!

首先跟自己的身体相处好,身体是我们行走世间的皮囊,如果没有健康的体魄,又如何安顿好灵魂?佛教有个词借假修真,说的就是借用身体来修炼灵魂。

其次,跟自己的灵魂相处好,如果没有灵魂,人就如同行尸走肉,有趣的灵魂可以让身体走向诗和远方。佛教有个词"结界",你可以理解为灵魂的保护层,佛说:修行,首先要看护好的就是自己的心殿。人的经历可以沧桑,心态不可以沧桑。

如何爱自己?爱惜自己的身体,爱惜自己的羽毛,爱惜自己的灵魂。如何修炼跟自己相处的能力?心理学有一些很好的方法,如镜像法、催眠、冥想等,跟自己深度链接,跟潜意识沟通,跟灵魂对话,接纳自己真实的感受。

孟子提出四端，四种萌芽，人有四种与生俱来的善心：恻隐之心、羞耻之心、辞让之心、是非之心。它们分别是仁、义、礼、智的萌芽。人有这四种萌芽就像有手足四肢一样，如果将它们培养茁壮并推广开来，便足以安定天下。倘若任由它们凋萎，这样的人就连侍奉父母都做不到。人，最重要的是保护好自己的那颗心。

跟他人链接的能力——共舞!

人是群居动物,不可能独立于世而存活,所以,人跟人之间的协作变得很重要。婚姻是伴侣合作关系,公司是股东合伙关系,人的幸福指数很大程度决定于人际关系是否和谐。

我想先请你思考一个问题:在你眼里,什么样的伴侣,才算是一对好伴侣?也许你最先想到的,是郎才女貌。可是郎才女貌只是外在的,是别人眼里的好,而不是这对伴侣自己感受到的好。也许你又会想两个人都应该是好人。比如妻子要温柔体贴,丈夫要负责任、有担当。可是,两个好人在一起,也不意味着他们一定是一对好的夫妻。有人说,好的伴侣,双方最好都不要太强硬。可是我也见过一些伴侣,妻子在外人看来很强势,丈夫却什么都听妻子的,好像有些软弱,但两个人仍然相处得很好。也有人说,好的伴侣,双方最好能明事理。可是我也见过一些伴侣,双方讲话都特别有道理,两人在一起却怎么也相处不好。

所以什么是好的伴侣呢？要回答这个问题，你就必须脱离个体的视角，把亲密关系的两个人看作是一个整体的单元。好的伴侣不是看一方是什么样的人，另一方是什么样的人，而是看他们两人在一起的时候，是怎么配合的。有人把伴侣之间的沟通比喻为跳舞。跳舞有跳探戈的，有跳贴面舞的，有热烈的，也有安静的。单从他们跳的舞来看，没法判断他们是好还是不好。但是如果他们总是互相踩彼此的脚，或者把彼此绊倒，那肯定就是不好的舞蹈。而伴侣之间的舞步，他们习惯的配合方式，就是伴侣的关系模式。好的伴侣，就是有好的关系模式的伴侣。我用共舞两个字来形容这种能力。

我跟人链接的原则是：守住底线，追求上限。《傅雷家书》有一封信是告诉孩子选择伴侣的标准：本质的善良，温厚的天性，开阔的胸襟。我认为很对，我也是按照这个标准寻找人生伴侣的。我很清楚自己的脾气不好，难相处，正是因为难相处，所以要求未来的伴侣要尽可能包容我、迁就我。上面三种品质与才华、灵魂没有关系，但却是最基础的品质，一个善良温厚的人他不会伤害你。底线是不要彼此伤害，上限是不含诱惑的深情。

美国心理学家科胡特创造了一个术语——不含诱惑的深情，认为人与人之间最美好的情感，是我深深地理解你、接纳你，而且不给你设任何条件。这里说的条件，就是诱惑。诱惑就是，你要达到我设置的条件，我才给你情感。不含诱惑的深情境界太高，但其实，哪怕有一些诱惑也没关系，只要其中有深情就好。在电影《后天》中，有一位男科学家读书无数，有人怀疑他是怎么做到的，他说最开始养成读书习惯是因为父亲每次出差前都会扔给他一本书，出差回来就会和他探讨书上的内容。这个故事里，书不仅是诱惑，也是父子间建立起情感链接的媒介和桥梁，他后来那么热爱读书，其实都是在通过读书感受父爱。

跟社会宇宙链接的能力——共振

古人云：小富靠勤，大富靠命，做更大的事业，意味着你要成为更高的能量体，与世界同频，与宇宙共振。

《素书》云：贤人君子，明于盛衰之道，通乎成败之数，审乎治乱之世，达乎去就之理。

一语道破天机！

第一步：明盛衰——好奇感知

春夏秋冬，是四季更替的规律。

木火土金水，五行相生相克，是大自然的规律。

萌芽期——发展期——高潮期——衰退期，这是商业规律。

任何事物的发展都遵循一定的规律。

电影《教父》有句经典台词：一秒钟看清事物本质的人，和一辈子都看不清本质的人，他们的命运是截然不同的。我把这种能力称为：看价值的能力。

看世界的方式无非两种：一种是读万卷书，一种是行万里路。二者缺一不可。读万卷书，走不出去，最多是个书童；如果不读书，行万里路，也只是个邮差！

一个新生事物在萌芽期，很多人是看不懂的，大多数人的本能反应就是怀疑和观望。真正的高手，都会保持一颗好奇的心，我称为：好奇感知。

第二步：通成败——黑白决策

一个事情能不能做成，也是有规律可循的。商业的本质是交易，交易的背后是价值交换。

首先看他有没有在创造价值，提供服务。一种生意是有内核，没增长，比如咨询公司，律师事务所，靠提供时间精力做服务，很难做大，那就把服务做到极致，给稀缺的人创造价值；一种生意是没内核，乱增长，比如一些打着区块链的名号做币圈生意，做得越大，死得越惨。最好的生意是有内核，能增长，既能做成大，又能做强。

内核，就是内在核心价值。当你分析之后，决定走哪条路，就要黑白决策。不要害怕做错决定，做错也比不做强。很多人在这里会犹豫，夜里想想千条路，醒来一动不动。左右摇摆，硬是错过了最佳良机。

第三步：审治乱——灰度认知

管理者的本质是激发他人的善意，如何激发？《瞬变》这本书告诉我们很容易操作的方法：找亮点。

职业的人际关系有点敏感，我们要合理地调动人事物。人才分三种：俊、豪、杰。

俊：德足以怀远，信足以一异，义足以得众，才足以鉴古，明足以照下，此人之俊也。这样的人才，适合做命运共同体。他在乎的是公司的价值，给他股权激励，一起共创未来。

豪：行足以为仪表，智足以决嫌疑，信可以使守约，廉可以使分财，此人之豪也。这样的人才，适合做事业共同体。他在乎的是你这个人，好好培养，一起成就一番事业。

杰：守职而不废，处义而不回，见嫌而不苟免，见利而不苟得，此人之杰也。这样的人才，适合做利益共同体。他在乎的是当下的工作和利益，他会尽忠尽职地完成，但是别跟他畅想未来，他听不懂，也不要用股权去激励，在他看来，这可能是你在哄骗他。

第四步：达去就——疯子行动

想好了之后，就要开启疯子般的行动，实践出真知，摸着石头过河也好，巨人过河踏水而过也好，总之，一个字干，往死里干。事都是干出来的。

《论大战略》这本书里提到人为两种：一种是刺猬，一种是狐狸。这种说法都是从古希腊的一个谚语当中来的，叫作"狐狸多知，而刺猬有一大知"。狐狸很聪明，狐狸整天这儿也怀疑，那儿也怀疑，但是刺猬很执着，你来打我，我就缩起来，你不打我，我就往前走，这就是狐狸和刺猬的不同表现。

如果把刺猬式思维理解为对战略目标和愿景的规划，把狐狸式思维理解为对自身能力的评估和调控，那么目标与能力的平衡即为战略。

一个合理的战略目标，必须有与之相匹配的能力，而且在执行过程中，应根据情势不断调整推进战略目标的方式和手段，必要时甚至要对战略目标进行果断的调整。

还有一条重要的能力，就是反思自己的能力。如果人不能在做事情的过程中了解自己的优势和劣势，了解自己是刺猬还是狐狸，适合创造价值还是传递价值，是产品人，还是运营人，很容易造成组织资源的浪费，也很难取得成功。

强能力从哪里来

我们每个人本身都拥有无限的潜能，其激发、运用程度的不同导致了我们所表现出来的思维、意识、能力的不同，最终造成个体在客观现实世界中成就、财富上的差异。一旦意识到个体生命能力和力量的源泉在哪里，并懂得如何正确挖掘、利用它，其成效就会在我们现实世界中得以显现。

一是真正意识到内在世界的强大力量。在生活中遇到问题，我们经常寻求外部力量的帮助，但这只能暂时解决或无法从根本上解决存在于现实世界中的问题。我们经常忽视内在世界的强大力量。其实，探究内心世界的力量才是解决问题的根源，阳明心学与吸引力法则均指出了这一点。只有真正认识到个体的内在世界或思想是根、是因，真正相信它原本具有无穷的智慧和力量，才会有动力去研究、发掘和运用它。

二是有意识地保持内部世界的和谐。促使内部世界力量真正发挥作用的关键在于和谐，即内心的和谐、内心与外在客观世界法则的一致。内心和谐即保持内心积极因素的存在和运用，如热情、渴望、乐观、自信、勇气、友好等。同时，尽量消除内部的消极因素，如恐惧、悲伤、倦怠、愧疚、懦弱等。我们可以通过观察自身所处外在世界的生活、社会状态来了解内在世界的和谐性，因为外在世界是内在世界的投影。

三是培养并运用潜意识的力量。潜意识是我们与内在世界取得联系的中间介质。发挥好潜意识能够促进对内在世界能量的掌控和运用。潜意识本身并不能对积极和消极信息进行区分，它只是以往意志推理的累积结果产生的本能反应。这里的信息是指你内心产生的正面或负面的情绪、想法等。

持续、反复地向自身输入积极的、和谐的信息资料或理想目标，进行自我暗示、自我强化，使其在潜意识中占据统治地位，如让积极、勇气、乐观以及积极的目标等占据你的潜意识。在面临问题时，甚至让积极因素成为一种直觉和反应习惯。同时，把控好消极因素，对它予以回避，用显意识将消极、负面信息挡在潜意识大门之外，或用积极信息来批判它使其向积极因素转化，进而防止消极因素进入我们的潜意识。

实际上，显意识转变为潜意识的过程就是从刻意到自觉再到习惯的过程。认识到了这一点，你就知道该如何培养、把控你的潜意识，让潜意识去激发你内在的强大力量。

在学习中练就强能力

这个时代瞬息万变，唯有终身学习，终身成长，才能迎接挑战。严格来说，学习与成长是两回事，善于学习，不一定善于成长。学习能提高认知，成长能够带来智慧，学习与成长之间隔的就是实践。纸上得来终觉浅，绝知此事要躬行，说的就是这个道理。

我有个倍感自豪的优点，那就是爱学习，如饥似渴地爱，买件衣服买个包会心疼一下，但是在学习上面的投入，是一点都不心疼。我从什么时候养成这个习惯的？应该是从小受父亲的影响。他很喜欢看书，他的书架上了摆满书，四大名著和各种武侠小说，还有很多历史传记。

上初中时的一个暑假，我翻了一本《清宫十三朝演义》，书里着重分享了孝庄太后的生平。书中讲道，孝庄太后是清朝开国的奠基人。她虽是后宫女子，但十分爱学习，还研究文化典籍。当时我有一个很笃定的想法：贵为太后都如此爱学习，何况是我们普通人家的女子呢？从那时起，我每天下课都会跑去新华书店看书，也会跟语文老师借书，看了很多世界名著。我的母亲也给了很大支持，当时她一天的收入也就二十几块，但是只要我买书，她从不拒绝。我母亲虽然是农村妇女，但是她知道学习的重要性，她说唯有读好书，才有出路。所以说，我有一个好妈妈，我是非常幸运的。

挑战＝运气，学习能力＝人生开挂。自从走上学习这条路，人生就开挂了。怎么提高学习能力呢？有一个方法叫：费曼学习法。通过教别人的方式来教会自己。你要教别人，意味着你要把它彻底弄明白，否则一问就蒙。我养成了分享的习惯，每次学习回来就跟朋友分享，所以在学习时候，我潜意识就已经在记忆消化这些知识，通过输出的方式倒逼自己高效输入。

在公众平台红利期，我就养成了一个习惯，把所学所悟无条件分享给粉丝，还坚持在喜马拉雅免费讲课，我把这些都当成锻炼自己能力的过程，却无意中培养了一批铁杆粉丝，也是这批粉丝让我实现了财务自由。

有钱了，也有了知识，更有底气了，我的人生就进入了一种正向循环的状态。

学习不是消费，而是一种投资，投资自己的见识和能力，在无形中，我在铺盘自己的第二曲线。每年固定学一个系列的课程，第一年主攻传统文化，学习四书五经，学习庄子、孔子、孟子、墨子等的哲学思想。第二年学习易经方面的课程。第三年主攻灵修课程，生命数字、九型人格的课程。第四年主攻人本心理学萨提亚家庭治疗的课程。第五年主攻可复制的领导力等商业通识课程。我很幸运遇到一位非常不错的教练，他发现了我的优点，鼓励我走出来，实现自己的梦想，走上助人成长的导师路——传道授业解惑。

机会，永远留给那些做好准备的人。但有一点，学习的态度不可以急功近利，这是一个厚积薄发的过程。时间不到，火候不到，是变现不了的。

古人云：书中自有黄金屋，书中自有颜如玉。从理论上来说读书不仅可以赚钱，还可以"赚"人。为什么很多人赚不到呢？说明读书跟赚钱是两码事。都说知识改变命运，可有些人看了很多的书，学了很多知识，也依然过不好这一生，为什么？因为"通学膨胀"。一个人如果不懂得消化知识，是很难内化成智慧的。

改变命运的从来不是知识，而是智慧。只有运用知识把它变成你的谋生智慧，才能赚到钱，改变你的命运。学习它不一定能够让你赚到钱，但为什么还有那么多人热爱学习，热爱读书，因为学习和读书能解决钱解决不了的问题。焦虑抑郁、幸福关系，以及内心的自由，灵魂的渴求，这些东西不是钱可以解决的，只有通过不断的学习读书思考探索才能获得。

学习是为什么？不是为了搜集知识和观念，不是为了知道别人是怎么想的，而是在自己的体内集成一种人格、一种体验、一种选择的方式。

孔子云："知之者不如好之者，好之者不如乐之者。"所以学习有三个阶段，那就是"知之、好之、乐之"。

中国现代哲学思想史上有着"东方诗哲"之称的方东美先生，也曾经提过做学问的三种态度。他说："做学问有三种态度：第一种是蚂蚁搬家，第二种是蜜蜂酿蜜，第三种是老鹰抟云。"深思一下，蚂蚁、蜜蜂、老鹰三个比喻类似于三种层次的递进过程，起初的时候，就要像蚂蚁搬家一样积累一句句话、一个个词汇，深思一个个讲话稿、调研报告，在"量"上增加越来越多的积累。而蜜蜂酿蜜就是要学会结合实际，把理论与实践相结合、把经验与创新相结合，由"量"向"质"转变，形成能指导实践、推动发展、改善民生、形成推广的文字材料。而老鹰抟云则是把丰富的知识如行云流水般运用在自己的创作思路和文字材料中，欣然自得。这是学习到最后所能达到的一种成果、一种能力。

我在学习这条路上就经历了这三个阶段：第一阶段，我到处拜师学习，就像"蚂蚁搬家"，一口气拿了八个导师证，九型人格、萨提亚人本心理学、领导力管理学，还有《易经》在内的各种玄学，哪个感兴趣就去学哪个，每学一门课就把老师教的精华整理成笔记或者书籍。第二阶段我就像"蜜蜂酿蜜"，每天都看四五个小时的书，线上线下，哲学、经济学、法学、人文历史，我真的就像一只蜜蜂，徜徉在知识的海洋里尽情地汲取营养，丰富自己，成就自己。第三阶段如老鹰抟云，尽情享受知识带来的乐趣。正如一只老鹰，干在其中、乐在其中。我不再担心演讲没有灵感，文稿没有思路，恰如"读书破万卷，下笔如有神"。几百期演讲，也就像跑了一场马拉松，虽然紧张疲惫，但收获了更多的精神滋养。

终身学习能帮助我们解决工作和生活中的困难和问题，能满足我们生存和发展的需要，让我们得到更大的发展空间，更好地实现自身价值，能充实我们的精神生活，拥有更美好的人生。

在改变中提升强能力

人为什么痛苦？两个字，无能。人生最痛苦的是，既没有能力改变自己，也没有能力改变对方，却期待着对方能够自我改变。穷则思变，改变何其难？直到我看了由美国作家奇普·希思和丹·希思创作的《瞬变》这本书，瞬间有种醍醐灌顶的感觉，原来改变没有那么难。当你懂得了人的心理模型，找到动力，找到方向，找到路径，就可以瞬间改变，所以叫瞬变。

阻碍我们进行改变的重要原因，是我们希望变革的理智思考与已经存在惰性的情感需求不合拍，两者互相牵制使得我们难以做出改变。人类的情感与理智，就如大象和骑象人：骑象人希望走向自己的目的地，但存在惰性的大象却不听使唤仍在原地踯躅不前。

我们脑子里有个误区，认为一个人要改变，要养成一个好的习惯，需要极强的毅力，懂脑科学的都知道人的脑袋是求存，不是求真，所以调动毅力去做一件事，是极其消耗精力的一件事。

我在第二本书《谋生亦谋道：九型领导力》提到过，人有三个智慧中心，九种型号。人有三种智慧：最古老的本能智慧，主宰愤怒、恐惧、感知；主宰大自然的思维智慧，能够理性思考、分析、判断；最年轻丰富的感受智慧，爱、理解、忠诚。

这三种智慧我们都有，它们有时候相互配合但是也会有冲突，关键是如何平衡。首先调动思维智慧，去控制感受智慧，通过感受智慧去控制本能智慧。

举个例子：我今天出门不小心跟人发生了冲突，对方很难听的话侮辱我，我的感受是非常不舒服的，我本能地想揍他，但是我的理性告诉我，这个人素质很差不值得我去跟他计较，他不是在侮辱我，他在侮辱自己。于是，我收起了烦躁的心，收回了愤怒的拳头，远离他罢了。

如果人人都能理性思考，那么监狱就会少很多因冲动而过失杀人的杀人犯！大脑的模型不是分析——思考——行动，而是看见——感觉——改变。

我生完孩子的时候，体形走样，对自己不满意，但是始终没有下定决心减肥，后来在朋友的影响下练习瑜伽，如今也坚持锻炼了三年。我在想不爱运动的我是怎么坚持下来的？我回忆了一下，是被明星陈数的一组瑜伽照打动的，她坚持练习瑜伽20年，既柔韧又有力量，那种肌肉的线条美感瞬间打动了我，我内心爱美的那种渴望被激发了，于是一口气报了100节私教课，坚持上完。

想改变，源于渴望改变，内心有个种子，渴望变成更好的人。只有激发他内在的动力，他才会立马改变。看似懒于改变，实则是动力不够。我上完100节私教课之后，基本功已经打扎实了，可以在家练习，瑜伽靠的是日日练习，不断精进自己。可是我在家里几乎不练，提不起劲，下载了瑜伽App，也几乎不用。报了线上瑜伽课，早上5:00一起打卡，一次都没做到。觉得自己懒，又开始自责攻击自己。后来，我报了年卡，每天去上大课。只要去到瑜伽馆，放下手机，跟着大伙一起练习，1个小时很快就过去了。与其靠毅力去调动，不如给自己创造一个环境。很多家长给孩子买了一台很贵的钢琴，并非指望孩子将来能成为郎朗，而是希望孩子可以锻炼专注力和毅力。但练习的过程是枯燥乏味的，家里又没有音乐氛围，很多孩子就放弃了，家长很生气，没有毅力，将来能干成啥事？不行，逼着盯着也得给我练。有些孩子练了十年，考出了十级，结果等上大学远离父母之后，再也不碰钢琴了。太可惜了，练了十年，却没有享受到音乐带来的乐趣。

我大学的专业是国际贸易，英语要求考四六级，那会为了应付考试，拼命刷题。毕业之后也没有从事国际贸易相关的工作，出国后发现自己根本没法跟老外交流，典型的哑巴英语。靠死记硬背是很难掌握一门语言的，我堂姐初中毕业，后来去北京闯荡做歌手，还去美国深造了三年，回来讲一口流利的英语。我初中开始接触英语，高中和大学，10年时间，都不如人家初中毕业在国外待了三年。

看似是人的问题，实则是情境的问题。

我朋友给我介绍了一款美国黑科技 NuCalm 压力管理，说可以改善睡眠，价格不便宜，我睡眠质量很好，不需要这个机器呀。碍于情面我买了一台给先生用，因为他睡眠不是很好，有时候会打呼噜，他用了一段时间，睡眠质量明显改善。我开始研究背后的原理《NuCalm 压力管理》，美国的医院专门用这个机器给那些出车祸的人修复应激创伤，还可以优化儿童的大脑，让左右脑更平衡。有些孤独症的孩子使用黑科技之后有了明显改善。于是，我又采购了两台，一台给我父亲（他前年出了车祸元气大伤），一台给我的孩子。后来我在会所专门装修了一个冥想室，每天中午体验一个小时的黑科技，相当于深度睡眠5个小时，无论是看书的专注度还是写文章的灵感，都大大提高。

看似顽固抗拒，实则是方向不明。

人的心理是很反感推销的，害怕被骗，但是没有人拒绝帮助自己，尤其是能帮助自己的孩子的产品。所以，销售的本质是提供专业的服务满足客户的需求，你需要，我专业，仅此而已。

总结了改变难的三个原因：看似人的问题，实则情境问题；看似顽固抗拒，实则方向不明；看似懒于改变，实则缺乏动力。

首先，要有成长型的心态，相信自己只要通过努力也可以改变。即使外在的改变是有限的，但是内部的改变还是有可能的。二是找感觉，刺激内部动力的感觉，做一件事的持久动力，往高了说就是使命愿景、价值观。奥地利作家茨威格说：人生最幸运的莫过于在年富力强的时候发现了自己的使命。三是找自己的闪光点，明确奋斗方向并制定具体的行动目标。同时营造良好的生活的工作环境，培养良好的习惯，不断地提升自己的能力，成就自己，影响他人。四是要坚持改变，强化改变，为你的改变找到一个情感化的理由，也就是你要什么样的生活，你要走向哪里。

第九章

如何提升元知识

元认知

"元知识"是溯源、循证以及追究任何知识的起源根基所在的知识，"元认知"就是最高级别的认知，它能对自身的认识和思考过程进行认知和理解，而"元认知能力"是每个人都拥有的基本能力，如何提升是一个重要命题，因为认知的差异成就了不同的人生。

最低级的认知是消极、被动、无奈的，他们最喜欢抱怨，整天唉声叹气，认为一切都是别人不对、环境不好、家庭出身等问题，和这样的人在一起，你会度日如年，犹如生活在地狱一般。

第二种认知就是勤奋一族了，这部分人安于现状，喜欢找一份安稳的工作，认为只要努力就好，一切交给天意。

第三种认知就是只要有本事，有一个特长，有一些技术就够了，过着比上不足，比下有余的生活。

第四种认知可称为"有头脑认知",大多受过高等教育,有理想,有信念,一般处于管理岗位,有一定的话语权。

第五种认知是想为社会有所贡献要成就一番事业,也大多成了社会中的佼佼者,有一定的影响力。

第六种认知就会认为自己是带着使命来的,为了国家和人民而生,有远大的志向,这样的认知必定成就不平凡的人生。

作为普通人,我们如何提升自己的元认知能力?我认为首先要不断地学习和成长,建立自己的知识体系,提升自己的知识储备。二是要会反思,具有反思精神和能力。曾子曰:"吾日三省吾身。"人是在不断成长变化的,只要愿意努力,很多事情都可以改变,如果努力暂时没有看到效果,那就需要反思是哪些地方出了问题。任何成功都不是一蹴而就的。在反思中学习,下一次做得更好。让自己重新认识自己,给自己的人生定位,给自己的想法下定义。行动后光靠脑子想来反思很难想深入,写作可以帮助我们深刻反思。静下心来把行动后的反思写出来,越深入越好,越系统越好,越具体越好。三是强化内心驱动力,找到自己的兴趣点,培养自己的兴趣,找到能够使自己兴奋的领域,想办法让自己成为这个领域的精英。四是时刻保持一颗乐观的心,让自己跟得上时代,勇敢地接受新鲜事物,挑战自己!

成长与成功

我始终坚信：一个人的成长比成功更重要。成功也许有捷径，但是成长没有捷径，就像长者所说的"吃一堑，长一智"，我们的人生中会经历沟沟坎坎，酸甜苦辣，有成功与失败，也有得意与失意。

人生的成长阶段，在更大的程度上是一个不断从外界获取能量、不断充实自己的过程，然而，就在这个过程中，还会不可避免地感受到一系列切肤的"失去之痛"：由于考试失利，有了失学之痛；由于学业无成，导致失业之痛；正当花季，生命如鲜花怒放，却遭遇失恋之痛；人正青春，春风得意，准备一展抱负之时，感受失意之痛；生逢盛世，本当有所作为，可就在你事业起锚的关键时刻，你刚刚驶出港湾的事业便突然触礁，你莫名其妙又无可逃避地感受了一次折戟沉沙般的失败之痛。从此，你真切地感受生命的成长之痛，其实，这些痛点，便是成长的动力，也叫助推器。

学习也许伴随着兴趣爱好或者专业技能，而成长伴随着却是痛苦。成长是破茧成蝶、凤凰涅槃的过程。有些成长，是由于外力冲击，不得不做出改变。而有些成长，是自己向内打破，渴望蜕变，成为更好的人。

人生的迷茫期、低谷期、痛苦期，都是成长最快的一个窗口，但大多数人都不懂这个秘密，反而选择了逃避，以至于错过了最佳成长期。一个具备成长型特质的人，他的成长曲线就会有两条，除了现实生活中的成长曲线，还有一条潜在的学习曲线，他们的成长曲线有山峰和谷底，弯曲起伏，但走向始终向上。一直追求生命成长的这类人把眼前的失败当成人生历练，他们在意的是未来长期的目标。职场和生活中，不管遇到什么样的变化，他们始终能以一种坚韧不拔的人生态度去突破自己，不断充实自己，改变自己，最终过上自己想要的日子。

曾国藩的戎马生涯中，经历了无数次重大的失败，但是不管他遇到多大的挫折，每天仍然按照自己的规律学习工作。正是他永不言败的精神和孜孜不倦的追求，任凭外界评价他的功过、我自岿然不动的自我成长心态，让他将自己的命运牢牢地攥在自己的手中，最后成就了自己。

喻颖正的"人生算法"课程中讲道，一次完整的认知行为，是由感知、认知、决策和行为四个最为关键的控制点组成的。感知，获取外部信息，需要很敏感；认知，理性分析，考虑各种变量，给予公平的估值；决策，决定取舍，需要果断；行动，需要勇往直前，执行任务。

总结为 16 个字：好奇感知，灰度认知，黑白决策，疯子行动。

有一个著名的心理效应模型叫邓宁 – 克鲁格模型，这是一种认知偏差现象。概括来说，它就是："不知道自己不知道，知道自己不知道，知道自己知道。"

"不知道自己不知道"，就是自信满满。当遭受社会的挫折后，你会更加了解自己，知道自己的短板，就会避开。

"知道自己不知道"是非常艰难、痛苦的，有些人会自暴自弃，停止进步，进入人生的深渊。但在坠入深渊后，如果能积蓄力量，顺势攀登，你的认知层次会越来越高，能力也会随之提升很多。

"知道自己知道"，你的成长获得了真正的成功。人生路上，会遇到太多因素，有的披荆斩棘，有的人畏惧不前，也有的人干脆"躺平"。坚持尝试，永不放弃的人，遇到再多的困难，也会克服它、战胜它。选择"躺平"的人，一辈子碌碌无为，虚度了大好年华。你必须明白，所有的困难实际都是好事，它们在推着你往前走，让你有更强大也更有力量。所以走怎样的人生路，如何走就看你的认知层次。你的受挫力，决定了你的人生高度。

做一个有智慧的人

什么是智慧？智者，知日也；慧者，慧心也。智慧并非来源于书本，而是从现实生活中不断地实践和积累，然后转化成为自己的思考和创造力。

法国小说家马塞尔·普鲁斯特说过，没有人给我们智慧，我们必须自己找到它。人要成事，尤其是成大事，除了强大的原动力和强能力支撑，还需要智慧，在日常生活中，智慧体现为能更好地解决问题的能力，与"形而上之道"有异曲同工之处。智慧是生命所具有的基于生理和心理器官的一种高级创造思维能力，包含对自然与人文的感知、记忆、理解、分析、判断、升华等所有能力。智慧需要"悟"，体悟，领悟，觉悟，开悟，靠自己不断地体验和总结生成。

人生就如一场旅程，我们在这条道路上经历了种种风景，收获了种种经验，也付出了一定的代价。正是这些经验教训，不断提升了我们的智慧，成就了今天的自己。

人是一种很危险的智能机器，人可以一门心思做傻事，人可以造成巨大的伤害，因为人有情绪、想法、信念和执着。为了防止智能机器爆炸，需要一个自我监测系统，这个被称为元认知能力，也就是我们说的认知能力。那么智慧到底是什么？它是一种在关键时刻，做出最正确的判断的能力。如何去理解智慧，去修炼智慧，这是一生的功课。

极端的命运是对智慧的真正检验，谁最能经得起这种考验，谁就是大智大慧。智慧的本质是跳出当前的思维框架，在更高的层次上审视自己。

华人首富李嘉诚先生他的儿子当年被黑社会分子张子强绑架，当李先生接到勒索电话的时候，他没有第一时间选择报警，而是选择合作。事后，他说："我不记恨张子强，是我自己疏忽大意，自己这么有钱，却没有做任何的保护措施，给了别人机会。"在这个故事里，让我震撼的是李先生的处理方式和思维方式，他是一个高自我价值的人，在面临伤害的时候，他没有把自己放在一个受害者的位置上，而是主动选择承担责任，反省自己的疏忽。

人有七情六欲，还有贪嗔痴慢疑。有智慧的人，有自我反省的能力，永远做对自己最有利的事。这里的有利，并不是肤浅的自私自利。相反，越是自私自利的人，实际上越是对自己不利。

春秋五霸之一的宋襄公是春秋时期的宋国君主，以"让国""仁义"闻名于诸侯。在与楚国的一次战争中，接受了楚方的请求，让楚军全部过河，摆好阵势然后再战而导致失败。宋国人都怨恨宋襄公不及早发动进攻。而宋襄公战败之后，第一个来落井下石的国家就是他当年帮助过的齐国。

对宋襄公的悲惨下场，有两种解释：一种解释认为宋襄公太蠢，智商不足；一种认为宋襄公太善良，道德水准太高，认为宋襄公的失败，是时代的悲剧。但在我看来，这两种回答都没有抓住关键。造成宋襄公悲惨命运的不是道德，也不是战术，关键在于宋襄公缺乏洞察力。宋襄公作为一个国君，立足个人的道德偏好，处理国与国之间的问题，这就错得太离谱了。

人最大的智慧存在于对事物价值的深刻了解之中。《教父》里有一句台词：花半秒钟就看透事物本质的人，和花一辈子都看不清事物本质的人，注定是截然不同的命运。

无论哪个时代，都要有智慧，要掌握和运用本质的方法论，即在具体的、真实的事上去琢磨本质。朱熹的"格物致知"也是告诉我们洞察本质的方法论。"格"就是琢磨、洞见，判断事物的本质；"物"就是具体的事、客观的事实，通过琢磨具体的事、客观的事实，来求得真知。

《楞严经》云:"所谓摄心为戒,因戒生定,因定发慧,是则名为三无漏学。"没有戒定,何来智慧?自我约束,用戒律保护自己,守护自己的心,不为烦恼散乱所扰,这就是"戒";在清净戒律的基础上,安定理智,能控制自己的情绪,就可以"定";有了定之后,跟自己的潜意识对话,读取自己心底的声音,方可证悟万法无有自性的"智慧"。

过去的一切都是智慧的镜子。人生的道路是曲折和艰辛的,但只要我们保持积极心态,勇敢前行,就能不断提升智慧,走出属于自己的成功之路。

经验教训所铸就的智慧之旅令我们更加从容地面对失败,勇于冒险,突破自我舒适区。经验是智慧的桥梁,而与他人分享和交流则成为我们智慧之路上的助推器。让我们珍惜每一个经验教训,用智慧坚定前行,追逐更加辉煌的人生旅程。

第十章

人格修炼

人品与运气

桑德斯曾说:"品格能决定人生,它比天资更重要。"要想获得幸福人生,要懂得修炼自己的人品。好人品才会有好运气,就像人们常说的"爱笑的人运气都不会差"。当然这里的笑指的是善意的、真诚的,而不是奸诈的、狰狞的。

厚德载物,自强不息。美国著名成功心理学大师拿破仑·希尔也有句名言:"真正的领导能力来自让人钦佩的人格。"从古至今,社会精英,优秀的人才,往往都热爱学习,技艺精湛,品德高尚。

"仁、义、礼、智、信"的五常之道,是做人的最基本的道德准则。在我们的学习和工作中,关键在于修炼人格魅力,从而达到有所觉醒、悟道觉悟的境界。我们只有从理论到实践,不断地反思,知行合一,学以致用,才能提升自己的人格魅力和企业团队凝聚力,这就需要我们从自身的兴趣、能力、品质等方面顿悟。

干事业的人为了实现共同愿景，必先率先垂范，才可带领大家不断前行。独行快，众行远。当好导师，培养好讲师，带好队伍，共同为成员赋能，不仅可以解决问题，而且能够创造价值。

真正的领导者，不只在于自己做正确的事，而是在于授权下属去做正确的事。通过做事来磨炼其意志与能力，在做事的过程中给予员工更多的指导与教练，让更多有能力、有意志力的员工安心做事，凝聚众人之力实现奋斗目标。

"仁德"是人格修炼的关键

小的时候,我们都背诵过《三字经》,三纲五常,大家再熟悉不过了。

孔子以"仁"作为最高的道德标准,"仁"的内涵是丰富的,含义深刻而宽博。认为应当用"仁"来处理伦理社会关系,主张人和人之间应该互相尊重、互助和友善,是做人的根本。"仁义礼智信"中的"仁"处于五常之首,不无道理。"父爱则母静,母静则子安,子安则家和,家和万事兴。"这句话传递了父母之爱对家庭和社会的重要性。在这个引人深思的格言中,我们看到了父爱、母爱和子安息息相关的关系。

何谓"仁"?"仁"是含义极广的道德范畴,其核心指人与人的相互亲爱。"仁"是一个人内在的品德,是"治家修身平天下"之根本。孔子认为,花言巧语、阿谀奉承的人很少有仁心。如果一个人表里不一,没有仁爱之心，那么即使遵从礼制也是表面文章毫无意义，就像社会上的一些人，满嘴仁义道德，却做出了一些伤天害理之事。

一个人只要立志于培养自己的仁德，那么他就不会做坏事。如果一个人去掉仁德，也就不能成为君子，君子应该时时刻刻不违背仁德。仁德甚至比生命更宝贵：志士仁人不能因为求生损害仁德，当生命和仁德冲突时，宁可杀身以成仁。

仁德对于人的身心健康也至关重要。如果一个人具备仁德，那么他的身体动静就会适宜有节制，七情六欲及喜怒哀乐就会适度，不会伤害到自己的仁德本性和人格情操。

孟子进一步发展了孔子"仁"的学说，将"仁"由个人修养上升到治理国家，提出了"仁政"的概念，强调国家治理要"以民为本""为政以德"，作为统治者要爱护百姓，让百姓过上丰衣足食的生活。

怎么进行"仁德"的人格修炼呢？孔子曰：非礼勿视，非礼勿听，非礼勿言，非礼勿动。(《论语·颜渊》)求仁不能违背礼制（礼仪、道德、法制），要克制自己的不正当欲望，使自己的言行符合礼制。其实能不能做到"仁"，完全在于自己，别人是帮不上忙的。

他还明确指出了人与人之间应该互帮互助，也就是自己想立足于社会也要让别人能够立足，自己想事业通达也要让别人事业通达，也就是今日之社会所倡导的"合作共赢"。

同时在社会上能做到谦恭、宽厚、诚信、聪敏、乐善好施,刚强、坚毅、朴实、慎言,这几种品格也属于"仁"的范畴。

"老吾老以及人之老,幼吾幼以及人之幼。"类似于这样的名言还有很多。总的来说,人格修炼的关键就在于仁德。

"诚信"是做人之根本

英国作家德莱塞说：诚实是人生的命脉，是一切价值的根基。我们生活在这个世界上，不单单是生存，而且要活得精彩有意义。什么样的生活才有意义呢？其实就是获得他人的信任和尊敬，活出自己的精彩。

"诚"不仅是德、善的基础和根本，也是一切事业得以成功的保证。"信"是一个人形象和声誉的标志，也是人所应该具备的最起码的道德品质。一个人的诚信可以得到更多人的青睐和信任，你用诚信对人，别人也会诚信对你，做事才会得心应手，才会积累好的人脉。诚信是实现自我价值的重要保障，也是个人修德达善的内在要求。缺失诚信，就会使自我陷入非常难堪的境地，个人也难于对自己的生命存在做出肯定性的判断和评价。同时，缺失诚信，不仅自己欺骗自己，而且也必然欺骗别人，这种自欺欺人既毁坏了健全的自我，也破坏了人际关系。因此，诚信是个人立身之本、处世之宝。诚信是做人的第一步，不说谎话、讲信用的人，才有资格挺起胸脯光明磊落地做人。

英国作家黎里说：人如失去了诚实，也就失去了一切。《曾子杀猪》的故事，我们都听说过。曾子是孔子的学生，有一次，曾子的妻子准备去赶集，由于孩子哭闹不已，曾子妻许诺孩子回来后杀猪给他吃。曾子妻从集市上回来后，曾子便捉猪来杀。妻子阻止说："我不过是跟孩子闹着玩的。"曾子说："和孩子是不可说着玩的。小孩子不懂事，凡事跟着父母学，听父母的教导。现在你哄骗他，就是教孩子骗人啊。"于是曾子把猪杀了。曾子深深懂得，诚实守信，说话算话是做人的基本准则，若失言不杀猪，那么家中的猪保住了，但却在一个纯洁的孩子的心灵上留下不可磨灭的阴影。

"顾客就是上帝"，一个创业的人如果不诚实经营，必然要被社会淘汰。诚信是塑造个人和企业形象从而赢得信誉的根本，是在市场竞争中克敌制胜的重要手段，是创业的生命线。

1985年，海尔总裁张瑞敏的一位朋友在厂里买一台冰箱，结果挑了很多台都有毛病。朋友走后，张瑞敏把400多台冰箱检查了一遍，发现共有76台存在缺陷。当时冰箱的价格是800多元，相当于一名职工两年的收入。张瑞敏说："我要是允许把这76台冰箱卖了，就等于允许你们明天再生产760台这样的冰箱欺瞒消费者。"他亲自抡起大锤子砸下了第一锤！很多职工流着眼泪砸了冰箱。然后，张瑞敏告诉大家，有缺陷的产品就是废品。

海尔的经营理念体现了诚信的内涵,只有内诚于己,即为人要诚实,不虚伪,才能外信于人,即不欺骗别人,不失信于人。"零缺陷"其实是海尔对顾客的一种承诺,要做到对人守信,就必须通过认真做事来体现。即"做老实人、说老实话、办老实事"是诚信待人的基本行为准则。正是凭着"以质量求生存,靠信用闯天下",使得海尔走出国门,成为国际知名品牌。

成功之基础

一位哲人说过："世界上能登上金字塔的生物只有两种，一种是鹰，一种是蜗牛。"不管是天资奇佳的鹰，还是资质平庸的蜗牛，能登上塔尖，极目四望，俯视万里，都离不开两个字——认真。

一个人的成功肯定与其才能与学识、平台与资源有着密切的关系，但更重要的是要有坚毅的品格。科学史上著名的荷兰科学家安东尼·列文虎克，就是一个创造科学奇迹的小人物，他的励志故事广为流传，被世人称道。

安东尼·列文虎克初中毕业后来到一个小镇找工作，后来在镇上找到了一个门卫的工作。由于这份工作很清闲，年轻的他为了打发无聊的时间，选择了费时而费工的打磨镜片作为他的爱好。打磨镜片的时候，他专注细致、锲而不舍……经过几十年的打磨，他的技术甚至超过了许多专业技术人员，甚至还磨出了复合镜片的放大倍数。通过研磨他的镜片，他偶然地发现了另一个广阔的世界——微生物世界。1674年，列文虎克凭借自己的钻研和无数次试验，完成了对光学显微镜的研发，第一台光学显微镜问世。1723年，91岁高龄的列文虎克尽管身体不便，但每天还是孜孜不倦地观察研究。

《荀子·劝学》中说："锲而舍之，朽木不折；锲而不舍，金石可镂。"荀子认为，学习是一个漫长、艰辛的过程，必须拥有锲而不舍的精神，才能学有所成。

坚韧的本质是"不弃不畏"，即使在最困难、最糟糕的情况下，依然能保持坚强的信念和勇气。我们的人生就像一场马拉松比赛，在起点时，每个人都充满了激情和力量，但走到中途，一些人就会因为疲劳或困难选择"躺平"，只有意志力顽强的人，才会一步步地向着终点前进。

其实在事业发展的路上，谁也不会一帆风顺，人们总是会经历各种困难和挫折。就连马云、刘强东这些商业巨星也在经历着一场又一场风雨。一个坚韧不拔的人，他不会轻易地放弃，而是会沉下心来寻求突破口，通过自我努力和学习，来提高自己的能力和水平。此外，生活中也会发生各种不如意的事情。比如，考试失利、投资失败、企业破产等。这些困难对于一个人来说，都是非常沉重的打击。但是，如果我们拥有顽强的意志力，就能在这些痛苦中坚持下去，不断地寻找生活中的美好，并以此为目标继续前行。

每个人都要实事求是地分析自己，选择一个适合自己发展的领域，制定并坚持一个发展目标，寻找到能帮助自己成长的人力资源，同时，我们要有锲而不舍的做事态度、坚定的决心和持之以恒的毅力，去追求自己的精彩人生。

总之，坚韧不拔的精神和锲而不舍的态度是人生中必不可少的品质，也是成功的关键。无论在学业还是工作中，我们都需要不断克服困难和挑战，在坚韧不拔的过程中，收获一份来自内心深处的力量和成就感，让我们更加自信和坚定地走在生活的旅程中。只有这样，我们才能飞得更高、走得更远。

"平和"是人的顶级修养

平和，是一种生活的姿态，一种人生的态度，彰显的却是一个人的顶级修养。北宋易学家邵雍曾说："心安身自安，身安室自宽。心与身俱安，何事能相干。"

在当今这个浮躁的社会，人难免会烦躁不安，甚至会因焦虑产生抑郁。英国哲学家伯兰特·罗素曾说："保持好的心态比拥有好的环境更重要。"因为心态才是自己真正的主人，要么是你去驾驭命运，要么是命运驾驭你，自己的心态决定了自己能否掌控自己的人生走向。

人生总是起起伏伏，生活总会坎坎坷坷，真正强大的人外表柔和，总能微笑面对一切，因为他可以掌控生活，对自己有信心，处事波澜不惊，早已戒掉了情绪，平静，坚定，稳得住，扛得起，也放得下。唯有弱者，才会怨天尤人，认为一切的不如意都来自他人，源于外力。平和来自你对生活的热爱，是自己能够坦然面对挫折和失败的决心，是基于理解和包容的品质，是对这个世界的善意。

《心头不余一事：马德自选集》提到："平和，实际上是让一个人的内心，从狭小走向辽阔，从狂乱走向沉静，从复杂走向简单，能容、能忍、能让、能原谅。"层次高的人不会唯我独尊，不会盛气凌人。我们凡事都要有退一步的海量，这样就会获得尊严，赢得他人的感激和尊重，得到更多更广的人脉。每个人都有自己的"生物场"，场静，周围乱也变静；场乱，周围静也乱。"境随心转""心净则一切净"，这就是平和的修养身心之道。

强者平和，弱者易怒。一个情绪稳定的人背后，是实力，也是一个人的格局和修养。心绪平和的人，不是没有脾气，而是懂得了控制。因为他们知道，人虽无贵贱之分，却有层次之别，每个人只会在他认知的范围里思考和行为，没有对错，只是层次的不同，所以他们懂得尊重和不争。心绪平和的人，不是没有烦恼和困惑，只是懂得了自我调整。因为他们知道，人生路上，有些苦，必须自己咽；有些事，必须自己扛；有些痛，必须自己受；有些路，必须自己走，所以他们苦而不言，笑而不语，迷而不失，惊而不乱。他们懂得，凡事随缘，一切顺其自然就好。

其实，一个真正强大的人，既有狼性的野心和能力，又有慈悲和感恩之心。他们看似柔和，实则刚强。无论顺境和逆境，呈现出来的是阳光、喜乐，是舒服、温暖。

杨绛先生曾接受过一次采访。在她经历了人生的起起落落，被追捧过也被打压过后，有人问她有什么诀窍让她能一直保持平和，一直温柔待人。杨绛先生说，当你明白对抗挫折的最好方式只有温柔时，自然就能做到。

真正的强者都是外柔内刚的人。他们有很强的承载能力，心里有底气做任何事情都很放松。他们大多见多识广，经得起大风大浪，见得多了，再大的事儿在他眼里也是小事。所以，有句话叫"泰山崩于前而面不改色"，这种淡定和柔和就是历练出来的。

纵使虐我千百遍，我依然笑看人生。我们要以刚柔并济的心态，不屈不挠的精神，自强不息的信念去修炼自己、提升自己，赢得幸福人生。

"自信"是成功的路基

说到自信，我们会想到一个人的状态，他的形象，他的气质，会说："这个人给人感觉好自信。"当我们看到舞台上的 Super star，他们像蝴蝶一样绽放，像孔雀一样开屏，那就是自信的状态。这种自信来自人生的高光时刻，来自鼓励、赞美、鲜花、掌声。还有一种自信来自人生低谷，在别人都不相信你的时候，你依然相信自己，那才是真正的自信。这种自信的根源，来自强大的底气，来自清晰的自我认知。

我见青山多妩媚，料青山见我应如是。明末清初女诗人柳如是，身在烟花之地，心却犹如明镜，她有着不输男儿，甚至更广阔的胸怀，面对国亡城破的惨烈现实，她有着以死殉国的文人风骨与气节。她的自信来自哪里？来自她的颜值，她的才情，还有她的风骨！

天生我材必有用！做人当立鸿鹄之志。人生低谷期，最容易怀疑自己，怀疑人生，这个时候才是真正考验你自信的时候，你要去不断地问自己，人的志气是来自哪里，点燃你的是你自己最大的亮点，优化它，迭代它，放大它。都拿自身当燃料引爆自己，你还在乎别人的眼光吗？

1983年，美国著名企业家斯蒂夫·乔布斯想邀请百事总裁约翰·斯卡利加入苹果公司。同为商业大佬，怎么才能说服对方加入呢？就一句："你想继续卖一辈子糖水，还是跟我一起改变世界？"更高级的自信来自你能创造出来的价值。自我价值越高，越能做自己，自信是伴随着你不断创造价值而来！

自信是人生中非常重要的一种品质，是个体在面对挑战和追求目标时展现的一种积极态度和自我肯定，它可以帮助我们克服各种挑战，实现自己的目标和梦想。但是，人的自信并非天生具备，很多人常常感到自卑、不自信，因此错失了很多机会。

自信从哪里来？人们常常会从成功的经历中获得自信。当你成功地完成了一项任务，或者在某个领域取得了优异的成绩，你会感到自豪和自信，这种自信会激励你继续前进，不断尝试新的挑战。因此，如果你想提高自信，那么就要多做事，多挑战一些自己能力范围之外的事情，由此积累更多的成功经验。

自我肯定也是获取自信的途径。如果你总是自我怀疑、自我否定，那么你就很难有自信。因此，要想提高自信，就要学会自我肯定，尝试从积极的角度看待自己，认识到自己的优点和潜力。

第十一章

感恩相遇

感谢恩师——梁成斌

他强任他强，清风拂山岗。

他，是我成长路上的引路人。他，让我明白学习与成长是两回事，有些人学习多，修行浅。比如以前的我，喜欢学习，到处听课，但是不践行不修行，所以成长的路上反反复复。我去上他的课程，他开玩笑地说："文静是来进货的。"

跟梁成斌老师学习已经有五年了，2018年朋友推荐我去上梁老师的《素书》课程，七天七夜学费两万。《素书》是什么，我从来没有听过，是吃素的课程吗？他说是中国谋略第一书。这个我感兴趣。

当我准备报名的时候，这门课程变成了公益，天啊，7天7夜免费，居然有这种好事，我赶紧拉着我先生何景琰老师一起报名。七天七夜课程结束了，我才明白《素书》不是教谋略的厚黑学，而是修身养性的一门学问。从那开始走上践行的道路，学问不是拿来卖的，而是用来修己，学以润身。把自己修成对的体，而不是做了个相。课程结束，我想老师应该会推广一下其他的课程吧。但是没有，全程没有任何营销。那时候，我就决定把老师所有的课程都报了，我要支持他。

生完孩子出月子后，就拉着何老师去学习萨提亚，何老师问我什么是萨提亚，其实我也不知道。你都不知道为啥要报呢？这个老师人好，为他这个人买单。如果讲得好，我们继续学，如果不好我就当支持他，《素书》七天七夜都没花钱，就当感恩他。何老师非常支持！每次我出门学习，全家出动，公公婆婆带孩子，我和何老师在里面学习。课间我还得跑出来喂奶。萨提亚课程四天四夜，我就哭了四天，感觉眼睛都哭小了。我也很奇怪，明明我是一个很刚强的女人，咋这么多眼泪？一路走来承受很多的痛苦和委屈，习惯了一路往前，但是从来没有蹲下来跟内在的小孩好好相处。在课堂里，我跟自己达成了和解，跟原生家庭达成了和解，跟过去做了告别。因为萨提亚，我内心柔软了很多。卸下了盔甲，我才发现，其实我也可以做一个很温柔的女人。我决定把萨提亚导师证考出来，哪怕需要六个月的训练。

结果宁波北仑疫情暴发导致我最后一个月没去成。梁老师说最后一个月断了，让我从头来过。天啊！又是六个月的训练，时间不够。梁老师一句话："文静，老师希望你的专业知识是夯实的。"就这一句我的心就安了，人生得遇明师，还急什么？！我的股东们就很好奇，不知道我为何如此迷恋梁老师。因为市场上名师很多，而明师不常有。迷茫的时候会请教他，他轻描淡写的一句话，就让我拨开迷雾见明月。

去年有个团队要包装我的IP，代价就是签五年，当时我很心动，梁老师建议我走难而正确的路，不为诱惑心动，也不为冲动买单，要做对自己最有利的决定！梁老师的授课模式，就像2000多年古希腊的灵修模式，学生围成一圈席地而坐，老师根据学生们的困惑与需求，娓娓道来，就像丝丝细雨般渗透到我们的灵魂里。他不喜欢营销也不喜欢推广自己，他每年只培养一批导师，也就是8~10人。他很年轻的时候就走上培训行业，在这个领域已经深耕二十几年，他是九型鼻祖海伦·帕玛的亲传弟子，第一个把九型和萨提亚引进大陆的导师。导师与讲师的区别：讲师要的是口吐莲花，出口吸金，而导师是传道授业解惑。如果用一句话来形容梁老师的特质：他强任他强，清风拂山岗。他横由他横，明月照大江。这句话出自金庸先生《倚天屠龙记》中的《九阳真经》。任他人多么强大，我自岿然不动，保持内心的平和，找到自己的节奏，清风明月在心，山岗大江任我游。

每次上他的课程，感觉都是生命的一种滋养，我经常在粉丝群里推广他的素书公益课还有萨提亚。有一回收到粉丝的留言：叶老师，因为你的无私分享我认识了梁老师，学习了素书，我全家感恩您。那一刻，我泪流满面，内心深处的感动无法言语。我何德何能，不过是借花献佛罢了。有一回课程做心理探索的时候，咨询梁老师："我明明不是急功近利的人，生活中把钱看得也不重，为人处世也很大方，为什么开口闭口喜欢把钱挂在嘴上呢？股东说这样不体面。"梁老师一针见血地回答我："文静，你本质是一个吝啬的人，只是你吝啬的不是钱，而是情感。你不愿意分享感情，只能用钱去替代。你的强硬外表就像给自己罩了一个保护盒，但真正强大的人受得起别人的攻击。"

我为什么想做富能书院，立志做先生，也是源于梁老师，导师班毕业的时候，我的男同学发的是某某同志，他说不是男士就能称呼先生，先生是对有学问的人一种尊称，饱读诗书满腹经纶，传道授业解惑的人才有资格被称为先生，与性别没有关系。像杨绛先生、叶曼先生，她们都是女士。那时候，先生这颗种子就植入了我的心田。成为先生这条路，任重而道远，但它就像一盏明灯指引着我一步步往前走，我感恩遇见梁老师。

感谢我的先生

我的先生何景琰是我生命中的第一个合伙人。我们一起合伙开公司，一起合伙学习成长，一起合伙做教育事业。如果不是遇到了他，我都不知道自己现在是什么样子。

我身高一米八，一亮相就会吓倒一大片，再加上我这强势的性格，暴脾气，又有很强的赚钱能力，一般的男人还真招架不住我。我曾经也很怀疑我这辈子到底还有没有婚姻的缘。不过我想，没有也没什么，我就走一条发财路，这辈子做富婆也不错。

谢天谢地，何老师还是出现了。当年认识一个月就闪婚了，朋友们都替我捏把汗。虽然很渴望婚姻，但我不至于丧失理智，我自有一套逻辑。

爱可以慢慢培养，但是人很难培养。什么意思呢？很多女孩子在择偶的时候，只在乎的是这个男人到底有多爱我，反而很容易被表象所迷惑。很多男人会投其所好，一旦进入婚姻，本质就暴露了。很多女人对婚姻很失望，其实婚姻并没有伤害你，伤害你的是你对婚姻的期待。婚姻不是港湾，也不是避难所，而是合伙创业，名字就叫家庭，孩子就是这个公司的结晶。婚姻幸福其实很简单，那就是找对人。开公司也一样，找对合伙人才是最重要的。什么叫对的人呢？就是三观跟你差不多的人。我有一个本事，就是很会看人，眼光很犀利。我看人的标准是什么呢？何老师哪一点吸引我了呢？首先是颜值，通过面相看一个人的心相。其次是学历，何老师毕业于中国美院，浙江省高考前二十名。然后是人品，何老师最吸引我的一点是，他是一个非常懂感恩的人，他当年读大学的学费是一个陌生阿姨赞助的，他花了很多年时间把这个阿姨找到，他说恩人不能忘记。最后是学识，他送我的礼物是一套《南怀瑾全集》，他喜欢学习传统文化，喜欢书法，喜欢喝茶。我觉得这样的男人不会坏到哪里去。至于钱财，就没那么重要了，因为财富要靠机遇。就冲着这几点，我就把自己嫁了。婚后，我们一起学习《素书》，九型人格，萨提亚，还去学习数字奇门，十二神数，六爻占卜，周易堪舆，道破天机，梅花易数，奇门遁甲等。在学习的路上，我们一起成长，一起培养爱。

朋友说不佩服我的赚钱能力，就佩服我的"驭夫术"。她问我："你家老公咋这么听话，我家老公打死也不愿意去听课，说那是洗脑。"其实我哪有驭夫术，我不过是找了一个爱学习的人。我为什么会去学习

《易经》？为了做富婆，而不是给人算命当江湖术士。但是有很多粉丝碰到了事，就会找我给她卜一个卦，她们知道我不赚这种钱，希望我帮帮她们。我不忍心拒绝，就找何老师帮忙。没想到两三年下来，何老师的实操水平就练出来了。他通过易经这个工具，帮助了很多粉丝。他也从中找到了高的自我价值。

我去年专门做了一年的小剧场演讲，何老师是最忠诚的学员，他每一次很认真地听，听完就去看书，而且把我教给他的萨提亚分享给客户，帮到客户。我们选择的股东和合伙人，第一个标准就是家庭幸福，夫妻和谐。为什么？当一个人连伴侣都相处不好，他是很难跟别人合作的。婚姻需要协作，公司也一样。未来的商业社会，需要相互协作深度服务，营销的时代已经过去了。我们的使命就是打造书香门第，我知道这一条路会很艰难，但是我内心笃定，这是一条正确的路。夫妻齐心，其利断金。

感恩遇见

在工作中，我遇到了一些很成功的人。一有机会，我就请教如何做个人流量，他们经营得很成功，但是底层逻辑完全不同。

第一个是杭州的李老师。他在抖音深耕了三年，目前年入二三万，三年累计一千万收入，一个人居家办公，每天手机直播，没有专业团队和设备，一天卖可售100多套课程。他把这三年走过的弯路和经验毫无保留地分享给我。

第一，抖音的算法迭代很快，限制很多，根本防不胜防，号说封就封，你根本没法控制。这三年他做了9个账号，这个封了重新做一个呗，反正几场播下来就能找到感觉。抖音直播与粉丝量是完全两个逻辑。粉丝量大的，直播间不一定有人气，直播播得好也会有人下单。所以一边直播，一边做粉丝量。抖音的本质是一个大卖场，直播是吆喝。

他花了一年时间琢磨，到底每天是讲一模一样的课，还是换不同的课？每天讲一模一样的课自己都要吐，所以他尝试着周一到周日轮回讲不同的课，7个主题，巡回一周。后来他发现了一个规律，观看抖音直播来的都是新人，所以每次直播都讲一模一样的内容，一年下来，已经知道算法，知道哪个点能破圈。抖音做的是公域流量，每天来你直播间都是不同的人，所以跟不同的人卖同样的东西，把这个话术练到极致。

他说去年他走了一个弯路，那就是直播带货。退货率50%~60%，折腾半天还不如卖课赚得多。直播对供应链要求比较高，但是很多供应链不稳定，这也是很多主播头疼的原因，最后考验的是供应链的支撑能力。他的课程一年能卖1万多份，没有退货率。为什么他能卖这么好呢，因为他是培训讲师。在进驻抖音之前，他就在台上给成千个企业家演讲，分享理念心得。我问他线下转换率怎样，他说1%~2%，几乎转不过来，公域的打法跟私域不一样。

第二个是深圳吉祥斋杨帆老师。杨帆老师抖音有近百万粉丝，她线下课程3天售卖19500元，6天就是38600元，每次开课都有近30人报名。我问她的客户是不是都是线上转过来的，她说很少一部分，而且线上转化过来很难很慢。她之所以能开大课，得益于之前的事业积累，她是吉祥斋的创始人，20年深耕传统文化，来听课的都是同行同学。她说线上转化很难，尤其是传统文化受众面窄。

第三个是雨蒙姐姐。雨蒙姐姐公众号有100多万粉丝，她左手卖课，右手卖货，一年收入能有 1000 多万，创业八年赚了 8000 多万。

早上在仓库直播卖货，晚上在家里直播卖货，也在抖音直播卖货，刚开始一场直播售出 500 万，但是退货率很高。抖音有很多限制，后她放弃抖音，转战视频号。区别在哪儿？抖音做的是公域流量，每天来直播间都是陌生人，可能一冲动下单，但是事后就会后悔退货。但是视频号，都是你公众平台的粉丝来直播间，天天看你的文章，得到你的咨询和帮助，她是发自内心认可你、追随你。所以你卖什么产品，他在能力范围内支持你，所以退货率很低。她坚持每天写文章，十几年写下来，已经写了 1000 万字，光稿费就赚了上千万。她说她为了实现作家梦，关起门来写了 3 年书，刚开始写书都很艰难，第四本书出版社都拒绝她了。在穷途末路的绝境期，有人建议她去公众号上写文章，没想到赶上了风口，踩对了赛道，积累了百万粉丝。

感恩遇见他们，一群充满智慧而又志同道合的人，他们的运营方式给了我启发，明白他们的成功在于都有自己的根。由此我陷入反思，找寻我的根基在哪里。一个人的战略规划，不是从外设计，而是向内探索，朝外延伸。

你要做你擅长的，保留自己喜欢的。

我擅长演讲，喜欢学习，对知识和智慧充满了渴望。利用自己所学所悟，帮助那些迷茫的人走出困境，我想这就是我的根吧。

第十二章

谋生亦谋心

谋生亦谋心

现代思想的里程碑人物马克思·韦伯对成年有这样一个定义：人到了什么境界可以称为真正的成年。大概有两个标志：第一是明白自己，对自己的过往有真正的理解；第二是反思自己，能看透自己存在的问题。一个人成年的决定性标志就是开始自觉地自我反思：你不只是在过自己的生活，而且能够有意识地反观自省你的生活。这有些像是孔子说的"四十不惑"。

我即将迎来不惑之年，什么叫不惑？智者不惑。我喜欢中国传统文化的三个成语：仁者不忧，勇者不惧，智者不惑。我反思自己，妇人之仁是有的，匹夫之勇也是够的，唯独没有智。如果用动物来形容自己，既不是狮子，也不是老虎，而是一头藏獒，智商极低，杀伤力极强。生活中跟我深度接触过的人，对我是又爱又怕。爱的是叶老师的真实和真诚、心性单纯。怕的是叶老师那火山爆发式的脾气和情绪。他们在心里说，这个女人太凶了，还是敬而远之比较好。生活中，大家喊我叶老师。叶老师这个称呼是我自封的，它是我行走江湖的保护伞。听到老师这个称呼，人家多少会尊重你一些。人家会问我教什么的，我轻轻回答，心理学和《易经》。人家一听，看我这气场，有点模样，也就多出几分尊重，不敢敷衍我了。

大学毕业那一年，经历过直销和保险销售。那段岁月我耿耿于怀很多年，最后通过萨提亚疗愈才走出来，恢复了平静。梁老师说："文静，苦难就是历练，你不能一直抱着过去，你要感谢苦难的经历，让你练就了无所畏惧，坚持不懈的品质。"那段经历带给我的是跌落在人生低谷，狼狈不堪，而又无人搭救的模样。体验过穷苦，承受过压力，练就了大不了从头来过的勇气。

明知山有虎，偏向虎山行。20岁开始创业，注册了自己的公司，还没有做大做强。归根结底，因为我内心的梦想不是做一个企业家，而是做一个老师。

大学时，我就很清楚自己的梦想就是做讲师（现在已经升级为导师），传道授业解惑，助人成长。不管是人生低谷，还是人生巅峰，我常常叩问心扉，我是谁，从哪里来，将去往哪里。

从小生活在农村，在自卑中长大，靠着勤奋和拼搏，找到了自尊、自信，学会了自强不息。在学习萨提亚中，我在阅读《萨提亚冥想经典》

中和生命最深处的自我相遇，与原生家庭和过往和解，活出了自己。在学习《素书》中打开了格局，在学习《道德经》中，修炼了人格，理解了本我、自我和超我的三层境界。

在学习中提升自己，超越自己，努力缓解和消除挫折、冲突、痛苦和焦虑，形成了个人的独特魅力。当你能真正了解自己，认识自己的时候，就能客观地看待自己，不卑不亢，清楚自己的能力边界。知道自己擅长什么，明确自己发展的领域。同时不断学习提升，逐步扩大能力边界，让内心足够强大，达到看山还是山，看水还是水的人生最高境界，你内在的能量就会源远流长，取之不尽，用之不竭。

心理学滋养身心

作家毕淑敏曾经说过,学习心理学是人生的福祉。她曾经对生命有一种切身的体会,阅读心理学给了她力量,所以她放弃了医学,选择学心理学,通过心理学全新认识了生命的意义。

心理学是努力让每个人的心理更健康,让人人朝着心理超常的方向努力,这就是心理学的魅力所在。在学习这条路上,我也和毕淑敏老师那样,在传统文化的学习上,无论是时间还是精力都远远超过了心理学的学习。但是最终,我还是把发展方向定在了心理学研究和心理学疗愈上,因为当今社会有太多的人心里存在着这样那样的问题,我想成为一个心理学疗愈导师,与需要成长的人进行心灵对话,帮助他们走出困境,为他治伤,同时疗愈自我,实现自我救赎,健康成长。

如果不是学习心理学,估计现在的我也不会有幸福的家庭。身边的几个姐妹就是典型例子，她们有事业有担当，就是没有婚姻。不是说非要有婚姻，而是求而不得的感觉是令人抓狂的。

从古至今，生儿育女，传宗接代是人的本能，也是社会良性发展的必然。年轻时的一段感情，让我心痛彷徨了整整五年，就像一颗毒瘤让人隐隐作痛，硬是通过一场心理疗愈手术，切开剔除，缝补愈合，才赢得了今天的幸福人生。通过学习心理学疗愈，我才看清放不下的不是当初的恋人，而是曾经的美好和对方给我的心理伤害。

随着对心理学知识的接触、学习，越来越被那些运用心理学知识帮助人们获得能量的人所吸引。我接触到的每一位心理学大师、同道，他们在救赎他人的工作中，表现出来的允许、接纳和帮助，都让我心存敬畏和感恩。

萨提亚，教会我们活出高价值感的一致性。心理疗愈结束，我就遇到了我的白马王子，坠入爱河，以火箭般的速度走进了婚姻。但是我知道，婚前的功课要在婚后补上。一个家庭的经营，父母都是很重要的角色。很多家庭，父亲这个角色是长期缺失的，所以导致孩子成年后有很多的问题。萨提亚课程，我参加了4期。萨提亚导师班参加2期，一期学习，一期助教，每期都是半年。九型人格，初级班，高级班，佛法与九型，九型辩号班。九型人格导师班2期，一期学习，一期助教，每期都是半年。我手握两本专业的心理学证书，左手理论，右手实操，这一切都源于心理学的滋养，让我的梦想变为现实，事业获得成功，家庭幸福美满。

面对纷繁华丽的世界，不迷失自我，清晰自己的定位，看清自己的能力边界，理性并踏实地生活和工作，这正是一种人间清醒。

心理学助推成长

杨绛曾经说过这样一句话:"我们如此期盼获得外界认可,可到最后才发现,世界是自己的,与他人无关。"

每个当下都是人生的新起点,去勇敢构建你的人生路吧。无论过去的生命里,你错过了多少次机会,拥有了多少遗憾,又或者跌倒过多少次,抓住此刻,集中精力,看清眼前的路,未来的每一天都可以是你重启的机会。

最近几年,有很多公众人物抑郁自杀。我们扼腕叹息的同时,在自问,也要反思,我们到底怎么了?这个时代,物质丰富,吃喝不愁,为什么会抑郁,要"躺平"?答案只有一个,心理建设没有跟上。南怀瑾老先生曾预言,21世纪最大的问题是心理问题、社会问题,但对于个体来说,心理健康才是我们要做的最大建设工程。

讲一个我自己的故事：6年前的2016年，我的静云婵品牌酵素被一个男粉丝抢先注册，打官司以失败告终，个人情感不顺失恋痛苦，那时候整夜整夜睡不着，无力孤独绝望扑面而来。朋友说我可能抑郁了，在周老师的建议下，我去上海参加家庭系统排列课程和心理个案咨询。做了十次催眠个案咨询，一周一次，三个月的时间，我就从这种抑郁的状态走了出来。一个月后，我认识了我的爱人何老师，就闪婚了。

很多粉丝给我留言："叶老师，看到你嫁出去了，我相信爱情了。"但我深知这不是爱情的力量，是成长的力量。当时我不知道是怎么被治愈的，我印象里就是催眠，跟潜意识对话，然后哭得撕心裂肺，然后对着木偶和镜子自言自语，反正就这么被疗愈了。我的朋友都不能理解，聊一次天就要花5000元。

一年后，我生了孩子做了母亲，我意识到原生家庭对孩子的重要性，也希望下一代不要重蹈覆辙，我和爱人一起去学习一门教人怎么做父母的课程——萨提亚牵手幸福，因此结识了恩师梁成斌。这5年，我深度跟他学习人本心理学、九型人格、催眠疗愈、NIP、完形、萨提亚沟通模式、家庭雕塑，还看了很多专业心理学的书以及相关的电影。之后我爱上了心理学，走上了研究并运用心理学之路，成为一名专业的心理咨询师和情感治疗师，有机会帮助了更多像我深陷泥潭无法自拔的人。

心理学，不仅疗愈、滋养了我的身心，更重要的是助推了我的成长。对于心理学和帮助过我的老师，我是发自内心地感恩和敬畏。当然，心理学并不是一个关起门来自省的学科，它同样是一门具有战斗力的学问。凡是涉及复杂人性的领域，心理学都在创造价值。

大概二十多年前，美国有一个医疗卫生促进协会发现，很多医院有一些流程问题：比如装呼吸机的病人头部没有垫高，会增加肺部感染的概率；给病人送药的时候，没有盯着病人把药吃下去……于是他们就想推动整改。但很多医院嘴上同意，但落实起来还是马马虎虎。他们很难下决心，因为下这个决心，就意味着以前都做错了。怎么办呢？这个协会就发起了一个倡议，叫作"拯救十万病人的生命"。这句话的能量非常大。你做一点改变，就能多救十万条命，你是医院，你参不参加？很难不参加。谁参加谁就要把这些细节落实到位。这里就用到了一个心理学原理：承诺一致性。人一旦承诺了某种正面的形象，就有动力在后续的行为上保持跟前边的承诺一致。这个协会并没有任何行政职权，也没花什么钱，单枪匹马推动了数千家医院的改革，减少了十万起因为这些疏漏导致的悲剧。今天，大到做管理、做营销、贸易谈判、舆情公关，小到每天的日常对话、亲子沟通、制定计划，无论你有没有意识到，都在运用心理学的知识。你对人性的认识越深刻，犯的错误就越少，做出的决策就有效。

但你在自学心理学的时候，可能会有这样的崩溃时刻，今天让我坚持"做自己"，明天又让我"适应社会"，今天鼓励我"走出舒适区"，明天又要我"自我接纳"，到底该听谁的？你的感觉没有错，这正是这门学科的现状。因为不同的流派对于同一问题的看法也是不同的，我们可以从中去寻找最适合自己的理论和方法，去理解和践行，从而更好地提升自己。

《幸福心理学》能为你带来学习心理学的确定性，让你在对这门学科有一个全局了解的基础上，获得对你个人而言有帮助的知识。作为普通人，你可能没有打算去考一个心理咨询师证书，很多人学点心理学，无非是帮助自己个人成长或者让家庭关系和谐。心理学这么多的流派，结构主义、功能主义、行为主义、认知科学、精神分析、人本主义。你不需要一一去学习了解，更不需要成为一个心理学研究家，而是要成为人生赢家，享受事业与幸福的人生。这就是人本主义心理学的核心魅力所在，它的另外一个名称叫积极心理学，我更喜欢称它为幸福心理学。

学习一些心理学知识，能帮助我们获取探索自己、治愈自己的能力，了解生命的本质，掌握最佳的思维方式和处事技巧，助力我们健康成长。

让我们拥有更多爱的能力

英国作家舒马赫写了一本书《解惑》，书里面提到一个观点，人生的问题分两种：一种是汇聚性问题，比如暑假要不要去旅游，要不要学心理学，要不要给孩子报个夏令营，汇聚性很容易找到答案；另一种是发散性问题，我想要成为什么样的人，我要过什么样的生活，我应该找哪种性格的伴侣，我想把孩子培养成什么样的人，发散性问题没有标准答案，这个答案一时无解，要靠自己去探索，去思考，去实践。导师也不能回答你，答案藏在你的心里和认知里。

人为什么会痛苦？本质是因为搞不定自己。如果连自己的痛苦都搞不定，就会演变成抑郁，甚至自残，通过刺激身体的疼痛来缓解精神的疼痛。到底是发生了什么令我们痛苦呢？对于过去，走不出来。对于未来，看不到希望。

《解惑》说，人生的答案在于更高的维度，更高的境界，更高的认知。何以解惑？唯有认知。心理学的意义就在于帮到人。我们怎么通过心理学来疗愈自己呢？首先就是提高自己的认知，我们要去了解家庭的生命周期、儿童的心理发展周期、亲密关系、亲子关系、家庭关系、群体心理学、商业心理学……我们懂得越多，对人性越了解，我们的视野心胸就会越开阔。很多女人进入婚姻就很受伤，伤害你的不是婚姻，而是你对婚姻的期待。偏差的期待来自偏差的观点，偏差的期待导致偏差的沟通模式，行为就会扭曲，动作就会变形，家庭矛盾就会爆发，然后影响孩子，一代又一代，这就是萨提亚女士说的家庭动力系统。心理学理论知识是可以帮到人的，但是很多人一头雾水，这么多流派和体系，不知从何学起，而且要系统性学习一门课程，没有人带领，很难持续。学习也是需要一个系统的。如果你的孩子不在学校接受教育，在家自学，你觉得考上大学的概率有多高？很难。普通人学习心理学是为了什么？掌握这么多专业知识，有用吗？你要去教学也得有流量和学员。所以，我决定把心理学知识聚焦在一个板块，那就是人本心理学、幸福心理学。

我们普通人学心理学，不就是为了幸福吗？所以我一开始学心理学的时候，没有从枯燥的理论下手，我直接去做疗愈，去学家庭治疗技术。我 2017 年开始学的，前前后后已经 7 年了。去年因为疫情很严重，学习和开课都不方便，我沉下心来学习心理学通识，包括北大李松蔚老师的心理学理论，武志红老师的心理学。我才发现，心理学有这么多理论。而且我学理论的过程中，给我的课程积累了很多素材和视角。心理学历史上的那些巨人们，早已为我们扫清了前行的障碍，设立好一座座灯塔，我们只管站在巨人的肩膀上去实现自己的梦想。

左手理论，右手技术。萨提亚理论的核心，是帮助每个人找到内外的一致和平衡，让我们成为更为完整的人，成为对自己的生命、情感、思想、行为真正负责任的人。而运用冰山理论之三座冰山的探索进行一致性沟通的心理疗愈技术正是通过探索人的内在冰山对话，帮助当事人觉察自己的内在需求，为改变创造可能。前面我已经讲过，我们每个人都是一座行走的冰山，看得到的行为只是浮在水面的冰山一角，而看不见的部分是人的期待、观点、生命的渴望以及自我价值，隐藏在最深的潜意识的部分，不为人所知，恰如冰山。看似当下的困惑和冲突，实则是过去未被满足的期待。比如跟伴侣的矛盾，三座冰山探索下去，你会发现你的今天所呈现的样子跟原生家庭有千丝万缕的关系。

同样，在生活或工作中，面对他人的批评和指责，我们往往选择谩骂或攻击的方式来自卫。那么如何转换情绪呢？那就是一致性表达。找人扮演你的伴侣，你的父母、孩子，把心里想说的话，如实地说给他们听。其实当你表达出来的那一刻，你就得到释放和转化。

很多案主就是这么奇迹般地被疗愈了。这就是心理学治疗的魅力，也是线下大课、工作坊不可替代的原因。线上课程可以提升你的认知，但是疗愈和转化只能面对面进行。这种疗愈的技术，靠的不是个人经验和聪明才智，而是靠专业的手法以及系统的魅力，场域的能量。治疗师不是上帝，也不是主缘人，而是助推者，帮助案主转换，是他自己疗愈了自己。

学习心理学，会让你拥有爱的能力。十年前，有一个粉丝对我说她爱上了一个已婚男士，虽然让她衣食无忧，却经常打她，可是她离不开他。当时我觉得她不可理喻，甚至瞧不起她。直到学习了一致性沟通的心理疗愈技术，才知道自己爱的能力不够。看到一模一样的案例，在老师做个案雕塑的时候，我才真正明白心理疗愈技术是多么的神奇。同时，我也感受到原生家庭对一个人的成长是多么重要。

她从小在寄养的环境长大，父母离异，父亲还坐牢，被亲戚看不起，寄人篱下，极度的自卑，养成了讨好的模式，内心极度渴望爱。所以当一个男人给一点温暖的时候，她就沦陷了。哪怕这个男人再伤害她，她也离不开，她太害怕被遗弃了。这就是原生家庭带来的低自我价值、不配感。我们心里都住着一个小女孩或小男孩，曾经满怀期待，曾经深深渴望，但是因为现实的因素没有被满足，失望了，于是深深地把这种渴求埋藏起来，但潜意识里是从不说谎的，会时不时跳出来折磨你。我们跟原生家庭和解，跟父母对话，不是让我们去怪罪自己的父母，而是要去理解。父母他们也有自己的原生家庭，他们也有他们的无奈和生命的功课。如果疗愈再深入，当你看到父母的委屈和苦难，你会心疼可怜他们，接纳父母，接纳自己。我们已经长大成人，有能力满足自己的期待，而不是外求。

在萨提亚疗愈课堂上，我经常泪流满面，深深地理解了那些被寄养或送养的孩子，一辈子心都在流浪。假如你是这样的孩子，你一定会产生共鸣，是的，一辈子，你的心都无处安放。

哪怕你没有做案主，你也能被疗愈，这种学习就叫搭便车。我每次学习回来都会分享学习心得，有个粉丝听完我讲的案例，就不闹离婚了，因为她向内探寻，看见了自己的问题。她给我留言，说叶老师，你助人成长，为我保住了婚姻，功德无量啊。她这句话一直激励着我，我也坚信以一灯传诸灯，终致万灯皆明。

只有掌握更多的心理学知识，掌握更好的心理疗愈技术，才会拥有更多爱的能力，也才能帮助更多的人走上成长的道路，我的赋能书院才会有美好的前景。

学习是开心的，但成长是痛苦的，生长痛！穿越痛才能回到家。朋友们，让我们一起努力吧，让我们都拥有更多爱的能力！

写在最后

我的前半生

现代思想的里程碑人物马克思·韦伯对成年有这样一个定义：人到了什么境界可以称为真正的成年。大概有两个标志：第一是明白自己，对自己的过往有真正的理解；第二是反思自己，能看透自己存在的问题。一个人成年的决定性标志就是开始自觉地自我反思：你不只是在过自己的生活，而且能够有意识地反观自省你的生活。这有些像是孔子说的"四十不惑"。

我即将迎来不惑之年，什么叫不惑？智者不惑。我喜欢中国传统文化的三个成语：仁者不忧，勇者不惧，智者不惑。我反思自己，妇人之仁是有的，匹夫之勇也是够的，唯独没有智。如果用动物来形容自己，既不是狮子，也不是老虎，而是一头藏獒，智商极低，杀伤力极强。生活中跟我深度接触过的人，对我是又爱又怕。爱的是叶老师的真实和真诚，心性单纯。怕的是叶老师那火山爆发式的脾气和情绪。他们在心里说，这个女人太凶了，还是敬而远之比较好。生活中，大家喊我叶老师。叶老师这个称呼是我自封的，它是我行走江湖的保护伞。听到老师这个称呼，人家多少会尊重你一些。人家会问我教什么的，我轻轻回答，心理学和易经。人家一听，看我这气场，有点模样，也就多出几分尊重，不敢敷衍我了。

我最怕欺骗。不怕穷，不怕苦，就怕被骗。人为什么会被骗？是因为贪吗？不是。人没有不贪的，不贪的人在峨眉山上修炼呢。最根本原因是轻信别人。一个骗子能骗的都是相信他的人。

那年我才25岁，大学刚毕业一年，做过直销和保险相关工作。对于那段经历我耿耿于怀很多年，通过萨提亚疗愈才走出来，梁老师说："文静，苦难就是厕所，你不能一直抱着厕所放不下，你要感谢的是自己经历苦难的时候，所表现出来的品质。"

那段经历带给我的是怎样一种体验？我见过自己最低谷、最穷的模样，还有什么可怕失去的呢？体验过就能承受住，大不了从头来过。我身上这种决绝的勇气就是这么修炼出来的。

创业是勇敢人的游戏。

严格来说，从20岁开始，其实整整19年了。从注册公司来算，也有10年了。10年过去了，我没有做大做强。归根结底，我内心的梦想不是做一个企业家，而是做一个老师。

20来岁，我就很清楚自己的梦想——做讲师（现在已经升级为导师）。

讲师和导师的区别是什么呢？讲师只要演讲好口才好，顺便能销售，而导师是传道授业解惑，助人成长。一个是向外抓取。

一个是向内探寻。

我是谁？我从哪里来？我即将去往哪里？

0~20岁，我在自卑中长大，女孩子身高一米八这是得天独厚的条件，为什么到我这就成了自卑的源头呢？20~30岁，是我摆脱自卑的十年，用什么？勤奋。颜值比不了，那就比学习成绩，学历拼不过，那就拼赚钱能力。30~40岁，我走上了一条学习成长、探寻内心的道路。

我最渴望的是什么？我最害怕的是什么？我的梦想是什么？我的灵魂渴求是什么？学习九型，为的是了解自己的性格底层逻辑。学习萨提亚，为的是与原生家庭和解，与过往和解。学习《素书》，想提升自己的格局。学习《道德经》，想提升自己的境界。学习《可复制领导力》，提升自己的领导力。学习各种易学课程，是为了修炼智慧。掐指一算就能判断你是否骗我。

朋友薇薇跟我说："文静，这一看就是骗人的，还需要掐指一算吗？"你看这就是人跟人的区别。有些人需要修炼一辈子，而有些人天生具备。

有些人天生具备火眼金睛，能看清事物的本质，而有些人被骗了一辈子还不醒悟。

通过学习和成长，我才了解到自己的底层：害怕失败，渴望被认可，渴望成就和成功，因为这是证明自己最好的一种方式。

如果你学过九型人格，你应该听出来了，叶老师是3号性格。

3号性格可以有很多不同的展现方式：有些是精明强干的，双目炯炯有神，像个女强人。有些是光鲜亮丽的，全身品牌加持，恨不得告诉别人我有钱、我有钱。有些人则是低调奢华有内涵，恨不得隐形。

我在探索自己型号的时候很困惑，我怎么有这么多8号的特质，还有4号的特质？连同学都很困惑跟老师提问："老师，文静是3号，怎么跟我这个3号很不一样呢？""因为文静是大3，你是小3。"老师开玩笑地说，"文静妈妈是8号，所以文静的3很像8。"

3号是变色龙，有像2号的3号，也有像4号的3号。

我做起事业就像8号，谈起感情就像4号。谈场恋爱要抑郁，要看心理医生。你说矫情不矫情？

弗洛伊德说人有本我、自我、超我。本我指的是：生命的底层渴望，从出生到死是很难改变的。九型人格探索的就是这个部分。自我指的是：在成长过程的习性，那些局限我们的部分。萨提亚疗愈做的就是这部分的转化。超我指的是：你理想中的自己，想要成为的样子，和呈现给世间的最好模样。

学习《道德经》来提升自己，通过《素书》来践行自己。

这就是我学习各种课程的原因，提高自己的认知和高的自我价值。自我价值越高，你越能做自己。

什么是成长？成长就是做回你自己。什么叫做自己？事业发展要用自己的性格优势；成长要学会平衡（发展欠缺部分）；关系中要打开盲区。

3号性格优点是：快，狠，准。再加一个字就是：辣。这样的性格是短跑冠军、常胜将军，但不适合跑马拉松，短期爆发力很足，但是持久耐力不足。他们为目标和结果服务，看不到希望就果断掉头。他们的盲区是不太会感知别人，他们喜欢做做做、干干干，没有太多情感需求，因为他们屏蔽了自己的感受和别人的感受。

当你客观看待自己的时候，就能做自己，成长的人通常是不卑不亢的，清楚自己的能力边界。知道自己擅长做什么，不能做什么。再也不为那几碗心灵鸡汤上头。

我很清楚自己的优点：通过文字和声音的力量，疗愈他人的心灵。我希望通过文字和声音的力量，能够在他们成长的路上陪伴和疗愈，让他们成长的路上不那么痛。

为什么我会走上心理学的道路？

在学习这条路上，我在传统文化的学习所花的学费远远超过心理学，但是最终我把方向定在了心理学。我家先生选择传统文化这条路，这是不是也算一种中西合璧？

这篇文章，我就聊聊，我为什么会走上心理学的道路。

如果不是学习心理学，估计现在的我也不会有幸福的家庭。身边的几个姐妹就是典型例子，她们有事业有担当，就是没有婚姻。不是说非要有婚姻，而是求而不得的感觉是令人抓狂的。

缘分到了，他自然就出现了。不要相信这种心灵鸡汤，老天不会给你想要的东西，他只会给你相匹配的东西，如果你没有准备好，他即使来了也会走的。

这个社会总是标榜独立女性、经济独立的重要性。经济独立会让我们的经济更自由，但是不会经营亲密关系，婚姻还是不自由的。亲密关系、亲子关系、幸福的秘密就是经营好关系的世界。

只有你的好跟我有关系，你的好是赋能在我身上，我才愿意跟你链接，而不是你把自己的好变成一种筹码，来跟我等价交换。

我们扪心自问一句：若是别人看上你，你希望是别人看上你的人，还是你的物质条件？

我当年耿耿于怀一段感情，5年都走不出来，从29岁拖到33岁，就像一颗毒瘤扎在那里隐隐作痛，我硬是通过一场心理手术，把它切开，缝合，重新愈合，始终要相信自己有重塑自愈的能力。为什么放不下？通过疗愈，我才看清放不下的不是这个人，放不下的是曾经美好的感觉和他带来的伤害。

你是成年人，没有你的允许，谁还能伤害你？你授权给他，他才有权利伤害你。爱是一个动词，由我说了算。我不爱你了，全盘收回这份权利。

这并不是让你成为一个自私自利的人，而是要成为一致性的人：考虑自己，考虑对方，还能考虑客观情况。一致性，是我们一生的功课。一致性，不负你我，不负情况。

心理疗愈结束，我就以火箭般的速度闪婚了。但是我知道，婚前的功课要在婚后补上。

我家先生是一个比较低调内敛的人，有话闷在心里。

我用的是一致性的沟通方式，就把他的心融化了，有哪里不舒服的地方，及时沟通反馈，即使有矛盾，也决不过夜，我们达成了这样的约定。

生完孩子出月子，我就报了萨提亚牵手幸福的课程。一门课8800，夫妻一起报15600，还能优惠2000，我干脆报了2个。我老公说：什么是萨提亚？听都没听过就去学。

我当时也是用了一致性沟通方式：萨提亚课程我也是第一次报名，他是针对原生家庭和亲密关系的经营课题，我们都是第一次做爸爸妈妈，没有经验，我们去学习一下，对教育孩子有用，如果课程不好，我们就当全家去外面旅行一下。反正费用我已经交了，不去也浪费。然后我们一家外出去学习了，我和老公在里面上课，公公婆婆在外面带孩子，课间我就赶紧跑出来喂奶。我觉得这是我人生中最智慧的一个决定，带着老公走上了学习成长的道路。

夫妻同修，其利断金。

一个家庭的经营，父母都是很重要的角色。很多家庭，父亲这个角色是长期缺失的，所以导致孩子成年后有很多的问题。

等到家庭出了问题，这个时候去学习、修补，代价就太大了，预防甚于治疗，道理都懂，问题是有几个人愿意做到？我认识的几个姐妹，宁可被男人骗财骗色，也不愿意付费学一些知识。

我最自豪的是什么？ 就是何老师无条件站在我身后支持我。

其实，外人是伤不到你的，能伤你的都是你最亲的人。

我经常去听一些讲座和课程，那些什么身心灵大师，但是我从她的眼神和语气，就能感受她的亲密关系是不是和谐，家庭是不是幸福。

这么多年，我很少去学什么商业课程、模式课程，我天生具备吸金能力，但是在情感方面，确实有很多盲区，所以需要学习和练习。萨提亚课程，我参加了 4 期。

萨提亚导师班参加 2 期，一期学习，一期助教，每期都是半年。九型人格初级班、高级班，佛法与九型班，九型辩号班。九型人格导师班 2 期，一期学习，一期助教，每期都是半年。我很自豪地说：参加完叶老师的线下大课，可以给你颁发证书。

我手握 2 本专业的心理学证书，左手理论，右手实操。看清自己的能力边界，这也是一种人间清醒。

为什么要学点心理学？

最近几年，有很多公众人物抑郁自杀。我们扼腕叹息的同时，要反思，人的心理到底怎么了？这个时代，不缺温暖，吃喝不愁，为什么抑郁，"躺平"？心理的问题用粮食解决不了。

这就是我今天写这篇文章和做这门课程的初心。

为什么"学点心理学"这件事这么重要？

说实在的，"心理学"是个热词，市面上"心理学"的信息不是不够，而是太多了，甚至形成了一种信息轰炸。像"原生家庭""讨好型人格""精神内耗"这些概念满天飞，很多人都忍不住套用在自己身上，觉得自己的性格、教育、家庭生活乃至潜意识，似乎都有问题。

面对这么多声音，你有必要留个心眼：到底哪些是正经的知识，哪些只是打着心理学的幌子来制造焦虑?

获得这个分辨力最好的办法,就是对心理学体系有一个全局的了解。当然,系统学习心理学真正的目的,是为了帮助我们过得更好。帮助人,这是心理学一直努力的方向。

一百多年前,心理学还只是哲学的一个小分支,但是在今天,普通人遇到困惑时,会把心理学作为求助的首选。哲学帮助人类,心理学帮助具体的人。讲一个我自己的故事:6年前的2016年,我的静云婵品牌酵素被一个人抢先注册,打官司以失败告终,个人情感不顺失恋痛苦,那时候整夜整夜睡不着,无力孤独绝望扑面而来。朋友说我可能抑郁了,在周老师的建议下,我去上海参加家庭系统排列课程和心理个案咨询。做了十次催眠个案咨询,一周一次,三个月的时间,我就从这种抑郁的状态走了出来。一个月后,我认识了我的爱人何老师,就闪婚了。

很多粉丝给我留言:"叶老师,看到你嫁出去了,我相信爱情了。"但我深知这不是爱情的力量,是成长的力量。当时我不知道是怎么被治愈的,我印象里就是催眠,跟潜意识对话,然后哭得撕心裂肺,然后对着木偶和镜子自言自语,反正就这么被疗愈了。我的朋友都不能理解,为什么聊一次天就要花5000元。

心理学,不仅疗愈、滋养了我的身心,更重要的是助推了我的成长。对于心理学和帮助过我的老师,我是发自内心地感恩和敬畏。当然,心理学并不是一个关起门来自省的学科,它同样是一门具有战斗力的学问。凡是涉及复杂人性的领域,心理学都在创造价值。

但你在自学心理学的时候,可能会有这样的崩溃时刻,今天让我坚持"做自己",明天又让我"适应社会",今天鼓励我"走出舒适区",明天又要我"自我接纳",到底该听谁的?

你的感觉没有错,这正是这门学科的现状:各种流派纷繁复杂,各种概念名词数不胜数,不同流派甚至互相矛盾。

你打开这扇大门,以为有一条康庄大道,结果只有一大堆只鳞片爪、不成体系的知识,你很难判断是不是错过了什么忠告,或是受了谁的误导。

这正是这门《幸福心理学》想要教的:我想为你带来学习的确定性,让你在对这门学科有一个全局了解的基础上,拿到对你个人而言有帮助的知识。

作为普通人,你可能没有打算去考一个心理咨询师证书,据我了解,很多人考出了这个证书,但是对理论知识一知半解,更不用说实操经验,很多人学点心理学,无非是帮助自己个人成长或者让家庭关系和谐。所以心理学的这么多流派:结构主义、功能主义、行为主义、认知科学、精神分析、人本主义。你不需要一一去学习了解。

我们不是要成为一个理论家，而是要成为人生赢家，享受事业与幸福的人生。左手财富，右手幸福。

为什么学心理学？就是为了的人生更幸福呀。

世人通常只关心你飞得高不高，却很少有人关心你飞得开心不开心？

通过阅读这本书，希望帮助你收获幸福开心的人生。

那些年被骗的经历

在拍摄短视频的时候,助理问我:"叶老师,你有被骗的经历吗?"

"我当然被骗过。"

"啊,你这么精明的高知女性,还能被骗?"桃子一脸惊愕。

说起这个话题,我也是满心的痛。

希望把我的经历以及所思所悟分享给你,你以后不要踩这些坑。

2016 年,我关系很好的姐姐约我去北京考察一个项目,在中南海的国宾馆钓鱼台,一会儿这个大咖站台,一会儿那个商界精英演讲,看得人眼花缭乱,也听得心花怒放,感觉这个项目是天上掉下来的馅饼,人民币似乎像雪花般向你飞来。其实我没搞明白这个项目背后赚钱的逻辑是什么,听到的都是高大上的一些词汇,区块链、P2P、积分所。一股10万，10股100万，我胆小，就投了一股试试水，我姐姐投了70万。当我准备启动这个项目的时候，崩盘了。天啊，才三个月。简直是不幸中的万幸，一旦启动，调动了更多的资源人力物力，那才叫损失。10万就这么打水漂了，我姐姐的70万不是小数目，就去报案，但最终不了了之。

经历这个事，我就给自己做了复盘：一、看不懂的项目不做，不赚认知以外的钱。也许会错过一个机遇，也许能避掉一个坑。人生，宁可少成功一次，不要多失败一次，因为失败一次要耗费你很多心力。刘润老师说：人，赚不到认知以外的钱。没错，我承认自己认知低还不行吗？看不清项目，能看清自己就可以了。二、那些看似高大上的项目，尤其是那些退休的领导人和干部站台的项目，千万别碰，那都是虚张声势。

2015年，我朋友带我去买房——宁波老外滩的一套豪宅，房子当时已经结顶了，再过一年半载就可以交付，我当时想买来做静云婵会所，可以招待粉丝。刚付完30万定金，结果不到一星期，那个房子就崩盘了。我听了吓一跳，赶紧去售楼处，发现人去楼空。

合同写得很清楚，如果房子不能及时交付，要赔偿多少利息。怎么办呢？找律师起诉维权。结果，这个项目的老板亲自给我打电话："小叶，听说你要告我，你还是省省律师费，因为告我的不是你一个人，是几百个人，这个项目因为资金链断了，所以被政府接手了，你就等通知。你做微商赚点钱，不容易。"呵呵，你说跩不跩？

然后我咨询我大学的学长，他说："学妹，你就认栽吧。合同写着不能交付还要赔利息。这只是写给你们看的，实际上是不能保护你的，你告也没用，我是你学长，不想赚你这个律师费，听我的，回家多卖货吧。"

是的，合同不是用来履行契约的，只是一种营销手段。

我本以为那30万就打水漂了，想想那些付了全款的四五百万的其他业主们，我算是幸运的了。

两年后，我接到电话，说我可以去领回那30万。我欢天喜地地去要钱，失而复得的感觉真好。结果还有一些业主跟对方吵成一团，为什么？他们不要钱，要房子，要利息，不甘心啊。

后来朋友劝我去澳大利亚买房，又有人劝我去英国买房，说国外的房子都是999年产权，中国的房子才70年产权，我都拒绝了。一是，我真没这个实力。二是怕了。在自己的国家买房都有这么多不确定因素。何况是人生地不熟的国外？不要羡慕这个明星那个富豪国外有什么房产，我们只是普通人，普通人是经不起折腾的。我表哥去柬埔寨投资房产，一口气买了10套，一场疫情收入锐减，房贷断了，结果那房子直接都被政府收回去。反正你是投资的，就当投资失败了呗。我那表哥抑郁了半年，怪谁？只能怪自己贪。

我一直在思考，人为什么会被骗？不就一个贪吗？你不贪，就不会被骗。可是，我想问问，有不贪的人吗？没有欲望的人都在峨眉山上。人性就是贪，无非是贪大还是贪小。

这个世界的游戏规则：一帮少数的聪明人设置游戏规则给一群简单相信的普通人玩。佛在几千年就看透了人性的真相：人啊，就干三件事，欺人，被欺，还有自欺。看看自己，哪个成分多一点？

我很清楚，自欺比较多，老公就说我很会自欺欺人。

借出去的钱回不来，我就告诉自己这是消业障。

到处给朋友支持消费，我就告诉自己这是积福报。人间清醒，那么清醒那么干吗。做人，最重要的是开心啦。

我在学习九型人格的时候，才明白为什么有些人很容易被骗。

你猜是几号？

3号。我就是典型的3号。

如果你学过九型，你就知道3号性格的底层逻辑——成就者，渴望被认可，渴望成功，渴望出人头地，要活在希望中，很愿意相信支持别人，对机会很敏感，做事勤奋，他们通常精力充沛，双目炯炯有神。但是他们也有巨大的黑洞，那就是自我欺骗。希望把最美好的一面呈现给别人，隐藏不好的一面，因为他们要面子，所以世人通常会误解他们高调、自我。

其实3号是最可爱的一群人，如果没有他们，这个世界的发展速度就不会这么快，但他们也是最辛苦最累的一群人。

鲜花与荆棘从来都是相伴的。

因为骗子只能骗那些能量比他低的人。

我想这也是我一路学习成长考了8个导师证的原因吧。

其实有些人一开始真诚的，都想着双赢，你好我好一起好，世间哪能安得双全法，做不到不负如来不负卿。有时候亏了钱，还丢了情分。

心理学怎样帮到人？

英国的作家舒马赫写了一本书《解惑》，书里面提到一个观点，人生的问题分两种：一种是汇聚性问题，比如暑假要不要去旅游，要不要学心理学，要不要给孩子报个夏令营，汇聚性很容易找到答案；另一种是发散性问题，我想要成为什么样的人，我要过什么样的生活，我应该找哪种性格的伴侣，我想把孩子培养成什么样的人，发散性问题没有标准答案，这个答案一时无解，要靠自己去探索，去思考，去实践。导师也不能回答你，答案藏在你的心里和认知里。

人为什么会痛苦？本质是因为搞不定自己。如果连自己的痛苦都搞不定，就会演变成抑郁，甚至自残，通过刺激身体的疼痛来缓解精神的疼痛。到底是发生了什么事令我们痛苦呢？对于过去，走不出来。对于未来，看不到希望。

《解惑》说，人生的答案在于更高的维度，更高的境界，更高的认知。何以解惑？唯有认知。心理学的意义就在于帮到人。我们怎么通过心理学来疗愈自己呢？首先就是提高自己的认知，我们要去了解家庭的生命周期、儿童的心理发展周期、亲密关系、亲子关系、家庭关系、群体心理学、商业心理学……我们懂得越多，对人性越了解，我们的视野心胸就会越开阔。很多女人进入婚姻就很受伤，伤害你的不是婚姻，而是你对婚姻的期待。偏差的期待来自偏差的观点，偏差的期待导致偏差的沟通模式，行为就会扭曲，动作就会变形，家庭矛盾就会爆发，然后影响孩子，一代又一代，这就是萨提亚女士说的家庭动力系统。心理学理论知识是可以帮到人的，但是很多人一头雾水，这么多流派和体系，不知从何学起，而且要系统性学习一门课程，没有人带领，很难持续。学习也是需要一个系统的。如果你的孩子不在学校接受教育，在家自学，你觉得考上大学的概率有多高？很难。普通人学习心理学是为了什么？掌握这么多专业知识，有用吗？你要去教学也得有流量和学员。所以，我决定把心理学知识聚焦在一个板块，那就是人本心理学，即幸福心理学。

我们普通人学心理学，不就是为了幸福吗？所以我一开始学心理学的时候，没有从枯燥的理论下手，我直接去做疗愈，去学家庭治疗技术。我 2017 年开始学的，前前后后已经 7 年了。去年因为疫情很严重，学习开课都不方便，我沉下心来学习心理学通识，包括北大李松蔚老师的心理学理论，武志红老师的心理学。

我才发现，心理学有这么多理论。而且我在学理论的过程，给我的课程提供了很多素材和视角。左手理论，右手技术。心理学用什么样的技术帮到人呢？三座冰山的探索和一致性沟通技术。

哪三座冰山？过去的冰山，当下的冰山，未来的冰山。

冰山其实是一个隐喻，看得到的行为其实只是浮在水面的冰山一角，而看不见的部分是人的期待、观点、生命的渴望，以及自我价值，隐藏在最深的潜意识的部分，不为人所知，恰如冰山。

看似当下的困惑和冲突，实则是过去未被满足的期待。比如跟伴侣的矛盾，三座冰山探索下去，你会发现是童年跟原生家庭有千丝万缕的关系。

一场个案疗愈其实一场内在资源的舞会，找到资源之后，人容易进入一种混沌状态，案主会开启跟潜意识对话，我们内心深处的期待、失落、痛苦、抱怨，那些想说都不好意思说的话，都会如洪水般倾泻出来。连案主自己都会惊讶："天啊，我怎么会有这么情感要表达？"

这是生而为人的权利。

但是我们大多数人都不会表达情感，连表达感受都不会。面对批评和指责，我们往往选择谩骂和攻击的方式来自卫。

怎么转换的呢？一致性表达。

找人扮演你的伴侣，你的家人，把心里想说的话，如实地说给他们听。其实当你表达出来的那一刻，你就得到释放和转化，疗愈已经发生。很多案主就是这么莫名其妙被疗愈了。这就是系统的魅力，也是线下大课、工作坊不可替代的原因。线上课程可以提升你的认知，但是疗愈和转化，只能面对面进行。这种疗愈的技术，靠的不是个人经验和聪明才智，而是靠专业的手法，以及系统的魅力和场域的能量。

治疗师不是上帝，也不是主缘人，而是助推者，帮助案主转换，是他自己疗愈了自己。

作为一个咨询师，最最需要的是一颗慈悲心。不能高高在上，更不能道德绑架。

没有道德问题，只有模式问题。

当年心理学大师海灵格来大陆讲心理学的时候，他说："心理学不讲道德。"舆论一片哗然。他说："我不说道德，但我做道德。"

道德是对自我的一种约束，而不是对别人的一种绑架。十年前，有一个粉丝对我说她爱上了一个已婚男士，虽然让她衣食无忧，却经常打她，可是她离不开他。当时我觉得她不可理喻，甚至瞧不起她。直到学习了一致性沟通的心理疗愈技术，才知道自己爱的能力不够。看到一模一样的案例，在老师做个案雕塑的时候，我才真正明白心理疗愈技术是多么的神奇，同时也感受到原生家庭对一个人的成长是多么重要。

她从小父母离异，父亲还坐牢，被亲戚看不起，寄人篱下，极度的自卑，养成了讨好的模式，内心极度渴望爱。所以当一个男人给一点温暖的时候，她就沦陷了。哪怕这个男人再伤害她，她也离不开，她太害怕被遗弃了。这就是原生家庭带来的低自我价值、不配感。我们心里都住着一个小女孩或小男孩，曾经满怀期待，曾经深深渴望，但是因为现实的因素没有被满足，失望了，于是深深地把这种渴求埋藏起来，但潜意识里是从不说谎的，会时不时跳出来折磨你。我们跟原生家庭和解，跟父母对话，不是让我们去怪罪自己的父母，而是要去理解。父母他们也有自己的原生家庭，他们也有他们的无奈和生命的功课。如果疗愈再深入，当你看到父母的委屈和苦难，你会心疼可怜他们，接纳父母，接纳自己。我们已经长大成人，有能力满足自己的期待，而不是外求。

他向外遇见了情人，你向内遇见了佛陀。现在我也会经常收到粉丝的留言，大都是情感不顺。

其中有一个跟我年龄相仿，至今单身，连钱都没有。我问她看过我的书吗？她戾气很重地回我："我都没钱吃饭，哪有钱买你的书？"

我发了电子书给她免费看，轻轻地跟她说：亲爱的，这些年，你一定过得很不容易吧？

她就哭了，然后她写了一封长长的信给我。是的，我看见她了，没有一丝嫌弃。

我们都是同一生命力的明证，虽然我们未曾相识，但我已知道她许多。

在萨提亚课堂，我经常流泪满面，以至于同学都以为文静是九型里面的2号，哪怕你没有做案主，你也能被疗愈，这种学习就叫搭便车。我每次学习回来都会分享学习心得，有个粉丝听完我讲的案例，就不闹离婚了，因为她向内探寻，看见了自己的问题。她给我留言，说叶老师，你助人成长，为我保住了婚姻，功德无量啊。她这句话一直激励着我，我也坚信以一灯传诸灯，终致万灯皆明。

曾经我以为拉几个投资人，富能书院就能落地。现在我明白，只有我帮助成千上万的粉丝走上成长的道路，书院才算成形。学习是开心的，但成长是痛苦的，生长痛！

穿越痛才能回到家。

关于自由

你,自由吗?

生命诚可贵,爱情价更高。若为自由故,两者皆可抛。

什么是自由?自由的前提就是自律啊。

我很自律,从小就很自律,每天起早贪黑地干活,很努力地赚取财富,就连家庭关系都需要很努力地去经营,每天忙得就跟陀螺一样,但是我自由了吗?

并没有。

当你想去追求自由的时候,本身就已经不自由了。

我们普通人追求的不过是:左手财富,右手幸福。

当我们穷尽一生去推开财富之门和幸福之门的时候，为什么也没有那么开心快乐？

今天这篇文章，来谈谈如何打开自由之门。思维的自由、感受的自由、身体的自由。

每个人在成长的过程中，都会有一些思维的惯性，价值观，还有底层逻辑。

比如在原生家庭当中，我父母从小就教育我要努力勤奋，所以骨子里的基因就是勤奋，一天不努力就很慌。最害怕的就是失败，于是无论做什么，表现得很用力过猛，也不太懂得享受人生和岁月静好，做事要结果，做人要面子，打肿脸也要充胖子。这份好胜心，令我不自由。

不许失败，只许成功，否则丢不起这个脸。

其实又有多少人在乎你的脸面，你的成功跟他人又有什么关系呢？

在过往的冰山当中，我父母会教育我："你考上大学才能找好工作，才能遇见好的对象，才能改变命运，否则你个子这么高，很难找对象。"这些话深深地刺痛了我，我必须很优秀才值得被爱。

爱，是需要能力的，被爱是需要条件的。

这种思维上的观点令我深深地不自由，我不敢放松，也不敢颓废，我必须打起精神对抗这个世界。

神经元会把工作的问题、婚姻的问题等各种问题都链接在一起。

在原生家庭产生的不安，也会带到现在的家庭，令我们的感受也会深深地不自由。

思维有时候更听感受的话，为什么感受不好呢？是你的思维在解释感受。

我们的看法与角度，会激发我们的感受。

我们的感受，会影响到我们偏激的思维。

我们的思维，会加强我们的看法与角度。

如果小时候不幸生长在一个吵吵闹闹的家庭，只要听到吵闹声，你会不由自主地烦躁和恐惧，那种不安的感觉如影随形。

就连身体，有时候都不受思维的控制。

我只要听到狗叫，都会本能地哆嗦，像个惊恐的小女孩，就连我6岁的儿子看到我这个样子，都会护着我："妈妈，不要怕，我保护你。"我这么大个子，怎么会如此胆小？因为我5岁那年，妈妈带着我去讨债，债没要回来，妈妈被对方的狗咬到住院，那一幕的恐惧至今停留在我的脑海里，形成了肌肉记忆，藏在潜意识里。人的身体是有记忆功能的，这种记忆令我不自由。

思维的，感受的，还有身体的，自由谈何容易呢？

自律不一定带来自由，与自己和解，身心灵合一，才能带来真正的自由。

享誉世界的家庭系统治疗大师萨提亚写了一首叫《五种自由》的诗，她认为人通过成长可以实现真正的自由。

自由地看和听

来代替应该如何看、如何听

自由地说出

你所感和所想

来代替应该如何说

自由地感觉

你所感

来代替应该感到的

自由地要求

你想要的

来代替总是等待对方允许的

自由地根据自己的想法去冒险

来代替总是选择安全妥当这一条路

而不敢兴风作浪摇晃一下自己的船……